KB274996

에버노트 연동 애플리케이션 파워 활용 테크닉

 에버노트에 날개를 달자

에버노트 연동 애플리케이션 파워 활용 테크닉

에버노트에 날개를달자

초판 인쇄일 2014년 4월 10일
초판 발행일 2014년 4월 20일

지은이 진대연, 한정진
발행인 박정모
등록번호 제9-295호
발행처 도서출판 혜지원
주소 (130-844) 서울시 동대문구 천호대로 81길 23(장안 1동 420-3)
전화 02)2212-1227 팩스 02)2247-1227
홈페이지 www.hyejiwon.co.kr

기획 · 진행 엄진영, 페이퍼2.0
본문 · 표지디자인 김희연
영업마케팅 김남권, 황대일, 서지영
ISBN 978-89-8379-817-6
정가 14,000원

이 도서의 국립중앙도서관 출판시도서목록(CIP)은 서지정보유통지원시스템 홈페이지(http://seoji.nl.go.kr)와
국가자료공동목록시스템(http://www.nl.go.kr/kolisnet)에서 이용하실 수 있습니다.(CIP제어번호 : CIP2014009708)

진대연, 한정진 지음

헤지원

2011년 12월 7일 한국에서 열린 첫 번째 유저 컨퍼런스.

그 중 한 명의 연사로 참여하여 발표했던 것이 계기가 되어 지금까지 이어져 온 것 같습니다. 당시 발표 주제였던 '에버노트와 스마트펜의 활용' 발표를 준비하며 아날로그와 디지털의 편리한 만남에 스스로도 매우 감탄하고 즐거워했던 일들이 아직도 생생합니다. 그런 즐거움들이 이어져 '에버노트에 날개를 달자' 라는 주제로 강의도 하고 잡지 연재도 해온 것 같습니다. 그 중에서도 언제나 중심에서 모든 디바이스와 애플리케이션을 하나로 연결하는 에버노트의 힘은 정말로 강력했습니다. 세상의 정보를 '나' 스스로의 필터를 통해 하나로 모으고 정리하며 다시 그곳에서 또 다른 '나' 스스로의 컨텐츠로 재가공하고 창조되는 일들은 늘 새로운 경험이었습니다. 그리고 드디어 그렇게 하나 둘 모아왔던 지식들과 경험들이 모여 하나의 책이 탄생하게 되었습니다(이 책의 초안은 모두 에버노트로 작성되었습니다).

이 책은 수많은 디바이스를 직접 구매하고 애플리케이션들을 사용해보면서 느꼈던 경험들이 충실히 담겨있습니다. 이를 위해 들인 시간과 돈 역시 작지만은 않습니다. 작은 바람이라면 이를 통해 이 책을 읽는 독자들로 하여금 현명한 '지름 가이드'가 될 수 있기를 희망합니다. 그래서 제가 직접 소비한 시간과 돈을 독자들은 조금이나마 줄일 수 있게 된다면 좋을 것 같습니다(물론, 반대가 될 수도 있습니다).

이 책은 에버노트에 대한 설명보다는 에버노트와 함께 활용되는 애플리케이션 및 디바이스 그리고 이들이 경쟁하는 데브컵 대회 3가지 이야기를 담고 있습니다. 이를 통해 이미 에버노트를 잘 사용하는 독자들에게 큰 날개를 달아줄 수 있으리라 생각합니다. 부족한 부분들은 앞으로도 관련된 내용을 다양한 채널을 통해 소개하고 끝까지 에버노트에 대한 열정을 소진해갈 예정입니다. 또한, 영원한 에버노트 전도사 홍순성 소장님과 함께하는 에버노트 팟캐스트를 통해서도(https://www.facebook.com/EvernotePodcast) 다양한 이야기를 전해드리겠습니다.

끝으로 이 책을 끝까지 집필할 수 있도록 함께 해주신 혜지원 출판사와 책이 나오지 못할 뻔한 순간 구세주가 된 친구 정진이(벌써 함께 작업한 두 번째 책이구나) 그리고 항상 바쁜 와중에 책까지 쓴다고 주말에도 밤을 새는 남편을 믿고 이해해준 아내 아름이와 아들 소율이에게 고맙다는 말을 전합니다.

자! 그럼 지금부터 '지름신'의 세계로 출발!

저자 진 대연, 한 정진

목 차

Part 04 — 여행 & 라이프 스타일 : 삶을 관리해주는 애플리케이션

Part 05 — 뉴스 & 읽을거리 : 뉴스와 소식들도 에버노트에 저장하세요.

에버노트 연동 애플리케이션 파워 활용 테크닉

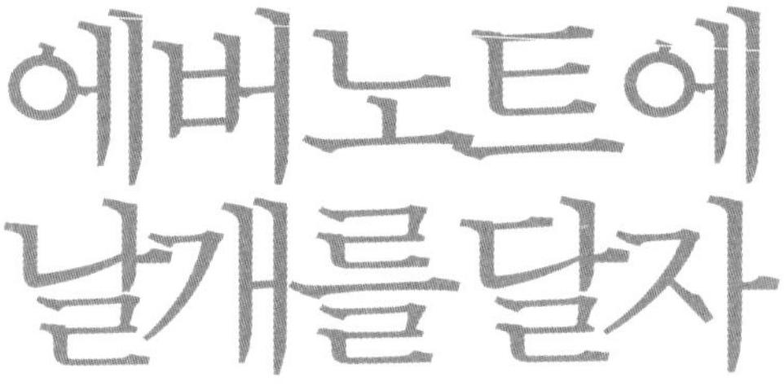
에버노트에
날개를달자

01

에버노트란?

에버노트만 있으면 불필요한 서류가 줄어들고 모든 것을 메모하고 기억할 수 있습니다. 세계인들에게 사랑받는 에버노트에 대해서 알아보고 기본적인 사용 범주에 대해서 알아보겠습니다.

에버노트란?

'Remember Everything' – 모든 것을 기억하세요! 모든 것을 기억하라는 목표로 시작한 에버노트(Evernote)는 2013년 말 기준으로 어느덧 전 세계 8,500만 명(국내 사용자 약 210만 명)이 사용하는 메모 애플리케이션으로 자리 잡았습니다. 그렇다면 과연 에버노트는 기존의 메모 앱과 어떤 차이를 가졌기에 이렇게 많은 사람들로부터 사랑을 받고 있는 걸까요?

언제 어디서나 기록하세요.

• 에버노트는 다양한 클라우드 서버를 이용하여 동기화되며 언제 어디서나 사용할 수 있습니다

1인 1 PC 시대에서 이제는 1인 멀티 디바이스 시대로 변화하면서 사람들은 개인 정보 관리에 많은 어려움을 겪게 되었습니다.

"내가 지난 번 정리한 문서를 어떤 컴퓨터에 저장해뒀더라? 지난 번 작성한 아이디어는 어떤 노트에 적어두었더라?"

이러한 고민들뿐만 아니라 모바일에서 수정한 문서나 사진을 컴퓨터로 가져오고 편집하기 위해 메일을 보내거나 컴퓨터에 케이블을 통해 직접 연결하는 것도 보통 귀찮은 일이 아닙니다. 에버노트를 사용하면 이러한 불편함을 동기화를 통해 한 번에 해결할 수 있습니다. 동기화를 통해 개별 디바이스에 작성한 노트들은 자동으로 클라우드에 저장되며 다시 다른 모든 디바이스에서 동일한 정보를 접근하고 관리할 수 있습니다. 예를 들어, 스마트폰에서 명함 등 중요한 정보를 사진으로 찍어 에버노트에 저장하고 동기화한 후 윈도우 PC용 에버노트를 실행하면 해당 명함이나 사진들을 PC에서도 바로 확인할 수 있습니다. 반대로 PC에서 웹 정보 등을 스크랩하고 이동하는 동안 내 손의 스마트폰에서 방금 스크랩한 정보들을 손쉽게 확인할 수 있습니다. 이처럼 에버노트는 언제 어디서나 노트를 기록할 수 있으며 확인할 수 있도록 정말 다양한 디바이스를 지원하고 있습니다. 그렇다면 과연 에버노트는 얼마나 다양한 디바이스를 지원할까요?

에버노트는 다양한 디바이스를 지원합니다.

• 에버노트는 다양한 클라우드 서버를 이용하여 동기화되며 언제 어디서나 사용할 수 있습니다

"혹시 일부 기기에서만 지원되는 게 아닐까? 나는 맥을 쓰고 블랙베리를 사용하는데도 사용할 수 있을까?"

에버노트라면 더이상 디바이스 지원 걱정을 하지 않아도 됩니다.

에버노트는 대부분의 스마트 기기를 지원합니다. 윈도우, 맥과 같은 데스크톱은 물론이고 아이폰, 아이패드, 윈도우 패드, 안드로이드 폰, 안드로이드 패드뿐만 아니라 블랙베리 폰과 윈도우 폰 등 대부분의 스마트 디바이스도 지원합니다. 이렇게 다양한 디바이스 지원과 동기화의 편리함 덕분에 많은 사람들에게 사랑을 받고 있다고 생각합니다.

에버노트는 다양한 포맷을 지원합니다.

에버노트에는 단순히 텍스트뿐만 아니라 그림, 오디오 및 문서 모든 종류의 첨부 파일을 지원합니다(다만, 에버노트의 단일 노트의 크기는 텍스트 및 모든 첨부 파일을 포함하여 무료 사용자는 25MB, 프리미엄 사용자는 100MB를 넘어서는 안 됩니다). 그래서 이제는 좋은 아이디어가 떠오르거나 좋은 정보를 만났을 때 스마트폰에서 번거롭게 일일이 텍스트를 입력할 필요가 없습니다. 그냥 에버노트 내에서 카메라를 실행해서 사진을 찍거나 녹음을 통해 손쉽게 아이디어를 저장할 수 있기 때문입니다. 또한, 문서가 있다면 문서도 손쉽게 에버노트에 첨부할 수 있습니다. 이렇게 저장된 첨부 파일들도 역시 동기화되어 다양한 디바이스에서 보고 관리할 수 있습니다. 게다가 프리미엄 사용자인 경우 에버노트 첨부 파일 내의 키워드들도 검색됩니다.

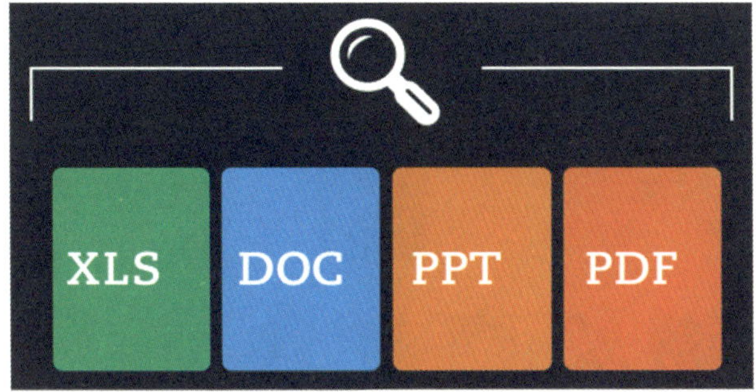

• 각종 첨부 파일 문서 내의 키워드들도 에버노트에서 검색됩니다(프리미엄 기능).

애플리케이션을 넘어 플랫폼으로

에버노트는 단순한 텍스트를 넘어 사진, 녹음 파일, 문서 등 다양한 정보들을 손쉽게 저장할 수 있습니다. 하지만 기록이라는 것은 때로는 상황에 따라 그 특성이나 방법이 다르기 마련입니다. 예를 들어 맛있는 음식점에 갔을 때 음식점의 사진뿐만 아니라 음식점의 위치나 기타 정보들을 함께 저장하고 싶고, 명함을 저장한다면 명함 속 연락처를 내 스마트폰의 연락처에 저장하고 싶은 마음도 듭니다. 다행히 에버노트에서는 이러한 다양한 욕구들을 만족시키기 위해 에버노트와 별개지만 에버노트에 저장되는 다양한 애플리케이션들을 지원하고 있습니다. 사람의 연락처 및 인맥을 저장하고 관리할 수 있는 에버노트 헬로우, 내가 먹은 맛있는 음식들과 요리법들을 정리할 수 있는 에버노트 푸드, 이미지 등에 원하는 정보를 추가하여 손쉽게 커뮤니케이션하도록 도와주는 스키치 등 다양한 애플리케이션을 통해 각 목적에 맞게 기록할 수 있도록 도와줍니다. 그러나 최종적으로는 모든 노트가 에버노트에 저장되기 때문에 에버노트 내에서 통합 검색을 하고 분류할 수 있습니다.

• 에버노트에서 직접 지원하는 다양한 연동 애플리케이션

본서에서는 이러한 다양한 에버노트 연동 애플리케이션뿐만 아니라 에버노트에서 공개한 오픈 API를 활용한 수많은 써드 파티 애플리케이션들을 엄선하여 소개하고 이 애플리케이션들을 어떻게 활용하고 있는지도 함께 소개하고 있습니다.

Chapter 02

각 기기별 에버노트

에버노트는 다양한 디바이스를 지원하고 디바이스마다 각각의 특징을 가지고 있습니다. 지원되는 디바이스와 그 인터페이스를 간단하게 알아보겠습니다.

윈도우용 에버노트

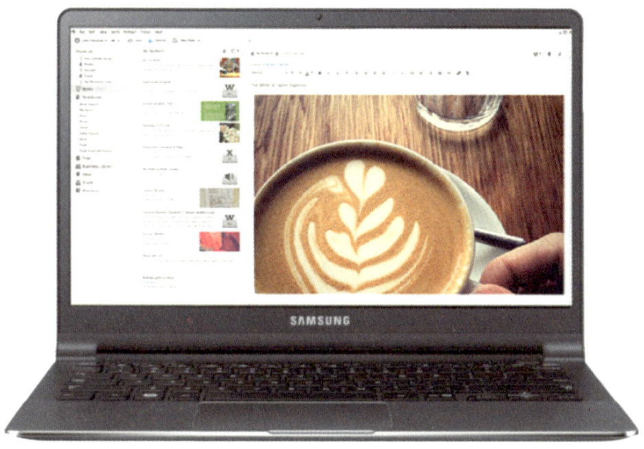

윈도우용 에버노트는 최근 V5로 업데이트되면서 멋진 디자인으로 재탄생하였습니다. 이를 통해 다양한 기능들을 보다 손쉽게 사용할 수 있도록 대폭 개선되었습니다. 특히 Atlas 등과 같은 지도 보기가 PC에서도 지원되면서 위치 기반으로 작성된

노트도 한눈에 확인할 수 있습니다. 뿐만 아니라 바로가기 지원, 에버노트 비즈니스 2.0 지원 등 기존 맥 클라이언트에서 우선 적용되었던 디자인도 모두 적용되어 더 이상 맥 사용자를 부러워하지 않아도 됩니다. 윈도우용 에버노트는 점점 마이크로소프트사의 오피스(Office)와 함께 필수 윈도우 킬러 앱의 위치로 자리매김하고 있습니다.

맥(MAC)용 에버노트

윈도우 버전보다 먼저 출시된 맥(Mac)용 에버노트 V5의 아름다운 디자인은 타의 추종을 불허합니다. Atlas 기능, 바로가기 기능뿐만 아니라 알리미 등의 다양한 기능을 일찍부터 지원하고 안정화되어 있습니다. 또한 단일 노트만을 새 창에 띄운 후 전체 화면으로 전환할 수 있어 하나의 글을 쓰는 데 집중할 수 있도록 도와줍니다. 이러한 다양한 장점 때문인지 애플 앱스토어의 무료 앱 상위 랭킹을 놓치지 않고 있습니다.

윈도우 터치(Windows Touch)용 에버노트

윈도우 터치 사용자를 위한 에버노트 역시 윈도우 마켓을 통해 다운로드받을 수 있습니다. 윈도우 8의 메트로 디자인을 그대로 적용하여 윈도우 애플리케이션보다 조금 단순하고 빠르게 노트들을 확인하고 수정하고 편집할 수 있습니다. 물론 데 스크톱에 비해 그 기능은 조금 떨어지지만 태블릿의 용도로 간단하게 편집하고 검 색하는 데에는 손색이 없습니다.

ios용 에버노트

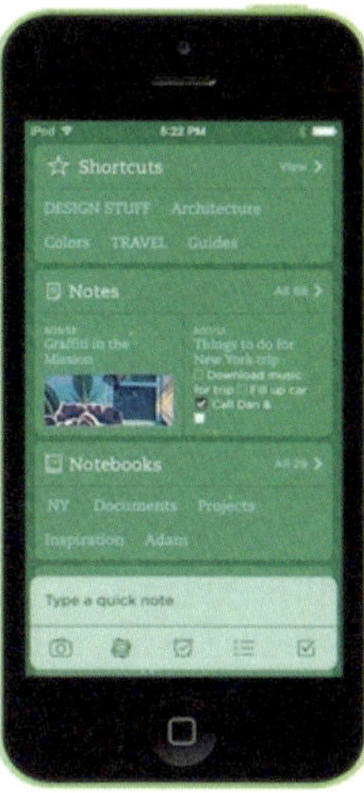

에버노트 에디션이라고 해도 믿을 것 같은 iPhone 5C 그린 버전 그리고 iOS7의 디자인에 최적화된 새로운 iOS용 에버노트는 언제나 사용자에게 신선함을 줍니다. 그리고 iOS의 디자인 및 최신 iOS의 API 등에 최적화되어 있습니다. 에버노트는 iOS7의 최신 버전을 통해 백그라운드 동기화 및 Air Drop 기능 등을 적용하였습니다.

안드로이드용 에버노트

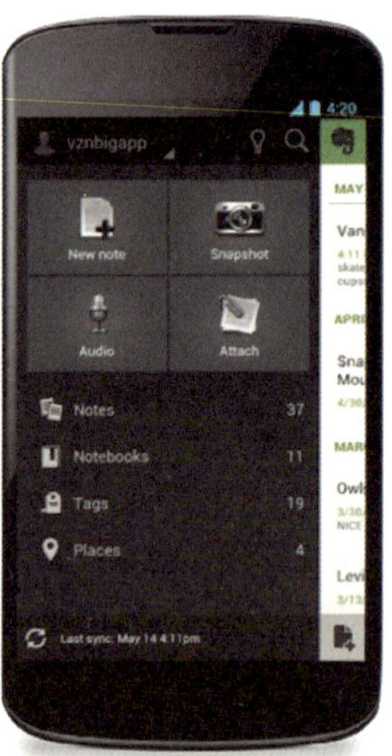

대한민국의 90%는 안드로이드 폰을 사용하고 있다는 통계와 같이 많은 국내 사용자들은 에버노트 안드로이드 버전을 통해 처음 에버노트를 접하곤 합니다. 세련된 디자인과 안드로이드만이 지원하는 위젯 기능을 활용한 에버노트 위젯을 통해 에버노트를 보다 편리하게 사용할 수 있습니다. 또한, 노트 바로가기와 같은 기능으로 할 일 노트, 여행 노트 등을 바탕화면 위젯에 배치하여 손쉽게 접근할 수 있는 것도 안드로이드용 에버노트만의 특징입니다.

윈도우 폰용 에버노트

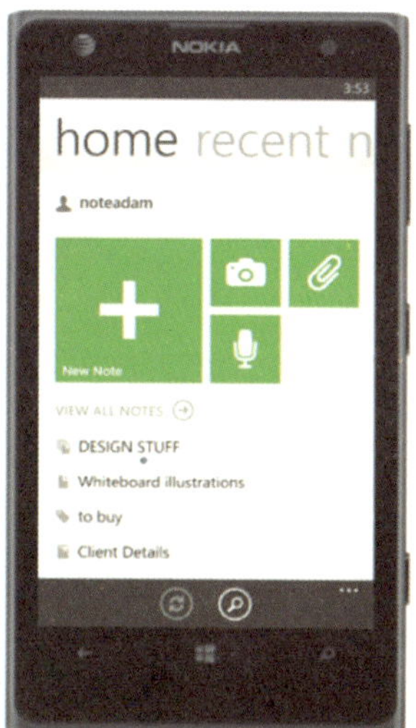

에버노트는 사용자가 적다고 해서 절대 외면하지 않습니다. 아직 국내 사용자가 윈도우 폰을 많이 사용하고 있지 않아도 에버노트를 사용하는 데에는 전혀 문제되지 않습니다. 윈도우 폰만의 메트로 디자인이 적용되어 아름답고 심플한 인터페이스를 제공합니다. 이를 통해 손쉽게 노트를 생성하고 검색할 수 있습니다.

블랙베리용 에버노트

블랙베리는 최근 10.1로 업데이트되면서 에버노트를 기본으로 빌트인하였습니다. 이에 따라 블랙베리 10.1 이상을 사용하거나 업그레이드했다면 이미 설치된 에버노트를 확인할 수 있습니다. 블랙베리만의 고급스러운 디자인과 편리한 키보드를 이용하여 여러분의 아이디어를 더 많이 기록할 수 있습니다.

Chapter

03

에버노트에서 만든 다른 제품들

에버노트에서는 이미 다양한 연동 애플리케이션들을 직접 만들고 관리하고 있습니다. 에버노트 홈페이지에서 소개되고 있는 각종 연동 애플리케이션들은 감히 MUST HAVE라고 할 만큼 필수적인 애플리케이션들입니다. 어떤 애플리케이션들이 있는지 알아보겠습니다.

스키치

• 지원 디바이스 – 윈도우, 맥, iOS, 안드로이드, 윈도우 터치

스키치(Skitch)는 이미지 위에 그림을 그리거나 화살표 등을 표시하는 도구이지만 그림판은 아닙니다. 바로 커뮤니케이션 도구입니다. 스키치를 통해 이미지의 일부분을 화살표로 표시하고 글을 적어 요청 사항을 손쉽게 전달할 수 있습니다. 수정

항목에 대한 요약 노트가 제공되어 노트북을 공유하고 있는 팀원들에게 손쉽게 정보를 전달할 수 있습니다. 또한, 대부분의 디바이스를 지원합니다. 특히 PDF의 경우에는 문서를 수정하면 수정 요약 페이지가 새로 생기면서 전체 페이지의 중요 부분만 요약해서 확인하고 수정할 수 있어 편리합니다.

펜얼티메이트(Penultimate)

• 지원 디바이스 – 아이패드

펜얼티메이트(Penultimate)는 에버노트에서 인수한 아이패드용 노트 필기 애플리케이션입니다. 강력한 필기감을 자랑하며 노트 위에 손가락 또는 터치펜 등을 이용하여 그림을 그리거나 글씨를 쓸 수 있습니다. 또한, 손목 보호 기능을 이용하여 화면 위에 손을 대고 필기하더라도 자동으로 손목의 위치를 파악하여 잘못 써지는 것을 방지합니다. 물론 이렇게 작성된 노트들은 에버노트와 완벽하게 동기화됩니다. 최근에는 에버노트 마켓의 Jot Script Evernote Edition 펜과 연동되어 보다 편리한 필기감으로 펜얼티메이트를 사용할 수 있습니다. 불가능할 것만 같았던 아이패드 위의 진짜 같은 필기감에 보다 가깝게 다가가게 되었습니다.

에버노트 웹 클리퍼(Evernote Web Clipper)

• 지원 디바이스 – 데스크톱용 크롬, 파이어폭스, 사파리, 오페라 및 인터넷 익스플로러

정보의 바다 인터넷에는 없는 자료가 없습니다. 그래서 자료 수집, 조사, 분석 등은 이제 웹에서 시작해서 웹으로 끝난다고 해도 과언이 아닙니다. 그래서인지 에버노트 사용자라면 누구나 가장 편리하게 사용하는 것이 바로 에버노트 웹클리퍼(Evernote Web Clipper)입니다. 에버노트 웹클리퍼는 사파리, 파이어폭스, 크롬 등의 브라우저의 확장 프로그램으로 제공되며 인터넷 익스플로러의 경우 윈도우용 에버노트 설치 시 자동으로 함께 설치됩니다. 원하는 기사를 선택하거나 전체 기사를 클리핑하면 해당 정보 전체를 에버노트 안에서 손쉽게 확인하고 정리할 수 있습니다. 심지어 해당 페이지 자체가 사라지더라도 에버노트에 기록된 기사는 반영구적으로 저장됩니다. 그리고 이 모든 것은 에버노트 웹클리퍼 아이콘을 단순히 클릭하는 것만으로 가능합니다. 손쉽게 정보를 스크랩하는 것만으로도 당신의 생산성을 몇 배는 올려줄 수 있습니다.

에버노트 헬로우(Evernote Hello)

• 지원 디바이스 – iOS, 안드로이드

새로운 사람을 만나고, 인사하는 일은 누구에게나 가장 일상적인 일입니다. 비즈니스 관계에서는 흔히 명함을 주고받곤 합니다. 그러나 막상 누군가를 기억하려면 명함 수첩을 열심히 넘겨도 기억해 내기가 쉽지 않습니다. 아주 일상적이지만 귀찮았던 일들을 에버노트 헬로우를 이용하면 편리합니다. 상대방으로부터 받은 명함을 에버노트 헬로우로 찍으면 명함 속 이름, 핸드폰 번호, 이메일 등을 자동으로 추출하여 헬로우에 저장합니다. (프리미엄 기능)뿐만 아니라 링크드인과 페이스북을 연결한 상태라면 상대방의 링크드인과 페이스북 정보를 함께 연락처에 추가하고 심지어 이를 통해 그 사람의 사진도 가져올 수 있습니다. 만약, 상대방도 에버노트 헬로우를 사용한다면 헬로우 커넥트 기능을 이용하여 같은 공간에 있는 사람들끼리 손쉽게 연락처 정보를 주고받을 수 있습니다. 많은 사람들이 있어도 문제없이 한 방에 동기화가 되는 에버노트 커넥트는 많은 사람들이 모인 자리에서라면 그 진가가 더 발휘됩니다. 에버노트 헬로우를 사용하여 편리하게 서로의 정보를 공유할 수 있습니다.

Evernote Food(에버노트 푸드)

• 지원 디바이스 – iOS, 안드로이드

사람을 만나서 에버노트 헬로우로 인사를 나눈 후, 다음에 할 일은 무엇일까요? 바로 맛있는 음식을 먹는 일이겠죠? 맛있는 음식을 먹고 사진을 찍어 페이스북에는 열심히 올렸지만 나중에 그 맛집을 다시 찾기는 쉽지 않습니다. 하지만 에버노트 푸드를 사용한다면 이야기는 달라집니다. 에버노트 푸드에 찍은 사진을 저장하고 포스퀘어를 통해 가져온 음식점 정보를 입력하면, 이곳 맛집을 다시 찾을 수 있고 다른 사람들에게 추천하기도 쉽습니다. 그러나 에버노트 푸드는 단순히 먹은 음식을 저장하는 데에만 사용되지 않습니다. 근처의 음식점을 찾아주는 레스토랑 검색 기능은 물론 에버노트 클리퍼 등으로 클리핑 해둔 요리법을 자동으로 모아(요리법 노트 자동 인식) 보여주기도 합니다. 만약 미리 저장해둔 요리법이 없다면 에버노트 푸드 안에서 직접 웹상의 요리법 등을 찾고 에버노트 안에 스크랩도 할 수 있습니다. 1) 맛집 검색 2) 맛집 정리 3) 요리법 검색 4) 요리법 정리라는 음식과 관련된 4가지를 에버노트 푸드 하나로 한 번에 해결하기 바랍니다.

에버노트 클리어리(Evernote Clearly)

• 지원 디바이스 – 데스크톱용 파이어폭스, 크롬, 오페라

좋은 정보나 기사를 찾아 읽고 있는 동안 왜인지 모르게 거슬리는 주변의 광고들이 있습니다. 이러한 광고들 때문에 정작 본래 기사에는 집중하지 못하는 일들이 많다면, 에버노트 클리어리를 사용하기 바랍니다. 엄청난 광고들도 에버노트 클리어리를 적용시키면 기사만 심플하게 표시되어 더 집중해서 정보나 기사를 읽을 수 있습니다. 그리고 이렇게 정리된 내용을 원클릭을 통해 에버노트에도 저장할 수 있으니 일석이조입니다.

에버노트 픽(Evernote Peek)

• 지원 디바이스 – 아이패드

에버노트 픽은 스마트 커버를 이용한 최초의 아이디어 애플리케이션입니다. 일종의 단어장, 암기장 등의 학습도구로 다양하게 활용할 수 있습니다. 스마트커버를 한 단계만 열어 문제를 보고 2단계를 열어 정답을 확인하고 다시 닫으면 다음 카드로 자동으로 넘어가 손쉽게 학습할 수 있습니다. 물론 학습노트들은 에버노트에서 노트북을 불러와 손쉽게 만들 수 있습니다. 게다가 녹음된 음성도 재생됩니다. 아이들을 위한 암기 단어장도 이제 부모님의 목소리로 직접 손쉽게 만들 수 있습니다.

> **TIP**
>
> ### 에버노트에 대한 더 많은 정보들
>
> 에버노트 연동 애플리케이션이 아닌 에버노트 자체에 대한 더 많은 정보가 필요하다면 다양한 사이트나 책을 통해 더 많은 정보를 확인할 수 있습니다. 그리고 다시 이 책으로 돌아오는 것도 잊지 마세요!
>
> **■ 에버노트 관련 책**
>
> - 에버노트 라이프(홍순성 저)
> - 비즈니스 에버노트(일경NETWORK 편집부 저)
> - 코끼리의 기억력이 당신의 삶을 어떻게 바꿀 수 있는지 지켜보라(이재성 저)
> - 에버노트 사용설명서(홍순성 저)
> - 나 과장의 에버노트 분투기(이재근 저)
>
> **■ 에버노트 관련 정보**
>
> - 에버노트 공식 홈페이지 : http://www.evernote.com
> - 에버노트 공식 블로그 : http://evernote-ko.tumblr.com
> - 에버노트 코리아 공식 페이스북 페이지 : https://www.facebook.com/evernote.kr
> - 에버노트 코리아 공식 트위터 : https://twitter.com/evernote_ko
> - 에버노트 팟캐스트 : https://www.facebook.com/EvernotePodcast

Special
page
에버노트 앱센터란?

에버노트의 다양한 활용을 책임지는 앱센터에 대해서 알아봅니다. 앱센터는 에버노트와 연동하여 사용할 수 있는 다양한 애플리케이션을 보여주기 때문에 에버노트 활용에 꼭 알아두는 것이 좋습니다.

1 에버노트 앱센터 소개

이제 본격적으로 에버노트와 연동되는 다양한 애플리케이션들에 대해 소개하겠습니다. 그 징검다리의 첫 번째 주춧돌이 바로 에버노트 앱센터입니다. 에버노트 앱센터에는 에버노트와 연동되는 다양한 애플리케이션 중 없어서는 안 될 필수 애플리케이션들만 엄선하여 보여주는 사이트이기도 합니다. 동시에 다양한 지름신을 불러오는 사이트이기도 하니 주의가 필요합니다.

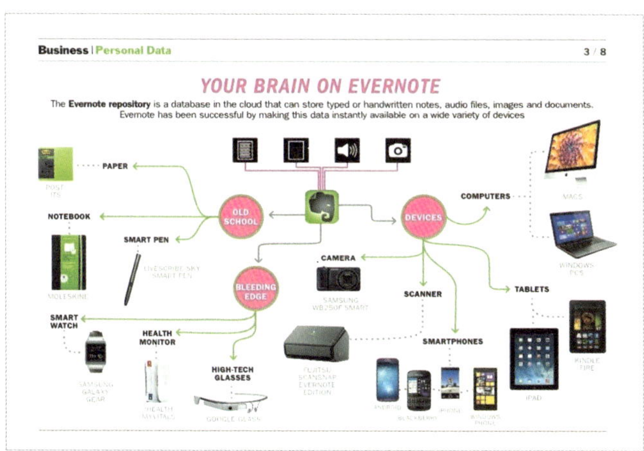

• NYT에 소개된 에버노트의 확장성 도표

에버노트는 이제 단순한 메모장을 넘어 기록을 저장하고 관리하는 통합 플랫폼이 되었습니다. 이에 각 사용 용도에 따라 각자의 방법으로 정보를 수집할 수 있도록 에버노트에서는 이미 다양한 종류의 연동 애플리케이션을 직접 만들어 관리하고 있습니다. 이제 꼭 에버노트가 아니더라도 에버노트 헬로우, 푸드, 스키치 등의 연동 애플리케이션을 통해 편리하게 에버노트에 원하는 정보를 담을 수 있습니다.

하지만, 이것만으로는 충분하지 않은 것 같습니다. 여행을 위한 에버노트, 일기용 에버노트, 할 일 관리를 위한 에버노트 등 에버노트와 연동하여 시너지를 낼 수 있는 영역은 무궁무진 합니다. 그래서 에버노트에서는 개발자들이 에버노트를 이용하여 다양한 연동 앱을 만들 수 있도록 API를 공개하였습니다.

API는 Application Program Interface의 약자입니다. 즉, API는 기본 애플리케이션에 접근하고 연결해주는 장치로서의 역할을 합니다. 따라서 에버노트 API를 이용하면 다른 애플리케이션에서도 에버노트 내에 노트북을 생성하거나 태그를 불러오는 등의 작업을 수행할 수 있습니다. 이를 활용하면 애플리케이션 개발자들은 에버노트와 연동되는 다양한 자신만의 애플리케이션을 만들 수 있습니다.

이후 정말 많은 애플리케이션이 에버노트 API를 연동하여 정말 멋진 애플리케이션으로 재탄생되었습니다. 현재 이미 2,000여 개가 넘는 공식 등록된 연동 애플리케이션이 있으며 30,000명이 넘는 개발자들이 에버노트 연동 애플리케이션을 개발하고 있습니다. API 요청 콜은 어느덧 매달 120억 콜이 넘을 정도로 그 규모가 갈수록 커지고 있습니다.

• 에버노트 앱 센터

또한, 에버노트에서는 기존 Evernote Trunk라는 이름에서 Evernote AppCenter 라는 이름으로 변경된 에버노트 연동 애플리케이션 전용 사이트를 운영하고 있습 니다. http://appcenter.evernote.com/(아무래도 Trunk에 담기에는 애플리케이 션이 너무 많아진 것 같습니다) 또한, 매년 DEVCUP이라는 행사를 통해 에버노트 연동 및 사용성이 우수한 애플리케이션 경진대회를 개최하여 보다 양질의 연동 애 플리케이션이 지속적으로 출시되고 있습니다.

• 에버노트 데브컵 2013 – 최종 파이널리스트

2 연동 애플리케이션

이제 본격적으로 에버노트 연동 애플리케이션들에 대해 소개하겠습니다. 에버노 트에서 공식적으로 만든 에버노트 헬로우, 에버노트 푸드 외에도 정말 수많은 종 류의 연동 애플리케이션들이 있습니다. 또한, 그중에는 정말 없어서는 안 될 다양 한 애플리케이션들도 함께 존재합니다. 어떤 애플리케이션들이 있는지 지금부터 차근차근 알아보도록 하겠습니다.

연동 애플리케이션이 너무 많아요.

• 에버노트를 지원하는 다양한 기업앱

공식적으로 등록된 2,000여 가지 애플리케이션을 모두 사용해보는 것도 힘들지만 이 중 많은 애플리케이션은 유료인 경우가 많습니다. 따라서 이러한 애플리케이션 들을 일일이 다운로드하고 사용하는 일도 만만치 않을 뿐더러 막상 사용해보면 생 각한 것과 많이 다른 경우도 많습니다. 필자는 바로 이러한 수많은 시행착오를 겪 었습니다. 또한, 그것이 이 책의 집필을 시작하게 된 이유이기도 합니다. 이 책이 다양한 에버노트 연동 애플리케이션을 미리 경험하고 현명한 선택을 하는 데 도움 이 되기 바랍니다.

검증된 애플리케이션을 엄선!

에버노트에서 직접 추천하는 앱센터 애플리케이션을 위주로 소개하겠습니다. 또 한, 앱센터에 나타나지 않더라도 필수적인 다양한 애플리케이션뿐만 아니라 디바이스 및 서비스들을 소개합니다. 이를 통해 본인에게 필요하지 않은 애플리케이션을 구매하고 후회하지 않기 바랍니다. 또한, 다양한 연동 애플리케이션을 살펴보면서 자신의 에버노트에 한층 더 날개를 달 수 있도록 활용 방법을 설명하겠습니다.

에버노트 데브컵 소개

• 애플리케이션 개발 대회인 데브컵

에버노트에서는 이러한 에버노트 연동 애플리케이션들의 왕중왕을 뽑는 에버노트 데브컵 대회를 매년 개최합니다. 데브컵 행사를 통해 보다 양질의 연동 애플리케이션이 탄생하고 이를 통해 더 다양한 에버노트의 활용이 연결되는 선순환이 이루어집니다. 필자는 데브컵 현장에 직접 참여했던 경험들을 생생하게 전달할 예정입니다.

에버노트 마켓

• 오프라인 상품 라인업을 갖추고 있습니다

02

에버노트에 더 빠르고 멋지게 기록하는 앱

오디오 & 필기 애플리케이션은 에버노트 유저가 더 빠르게 에버노트에 기록하고 저장할 수 있도록 도와줍니다. 에버노트 유저들은 어떤 오디오 & 필기 애플리케이션을 가장 많이 사용하지 알아볼까요?

PostEver –
머릿속 아이디어를 빠르게 메모할때

조깅을 하거나 출퇴근을 할 때, 지나가는 광고를 봤을 때, 친구와 대화를 하는 순간 떠오르는 아이디어나 기록들을 메모할 때 PostEver를 이용한다면 에버노트를 이용할 때보다 더 빠르게 기록할 수 있습니다. Postever로 기록하고 에버노트로 정리하기 바랍니다. PostEver는 아이폰뿐만 아니라 안드로이드 OS를 지원하여 좀 더 다양한 스마트폰에서 이용할 수 있습니다.

[지원 기기] iPhone, Android

[유료] iPhone 5.99$ / Android ₩2,662

　　　*PostEver Lite(iOS) 앱으로 모든 기능을 14일간 무료로 체험할 수 있습니다.

[다운로드]

Android	iPhone	iPad

[이런 경우 사용하세요!]

- 복잡한 기능보다는 입력과 저장으로 구성된 빠르고 간편한 인터페이스를 원할 때
- 빠르게 메모하고 나중에 에버노트로 정리하고 싶을 때
- 하루 동안 기록한 여러 아이디어를 하나의 노트에 날짜별로 정리하고자 할 때
- 메모 기록이 입력된 시간과 장소를 함께 기록하고 싶을 때

01　PostEver를 설치한 후 실행하면 바로 텍스트를 입력할 수 있는 화면이 나타납니다. 처음 실행한 경우 자동으로 에버노트 계정을 연결하는 화면으로 자동 전환됩니다. [Login to Evernote]를 클릭한 후 에버노트 계정과 비밀번호를 입력하여 PostEver를 에버노트와 연결합니다.

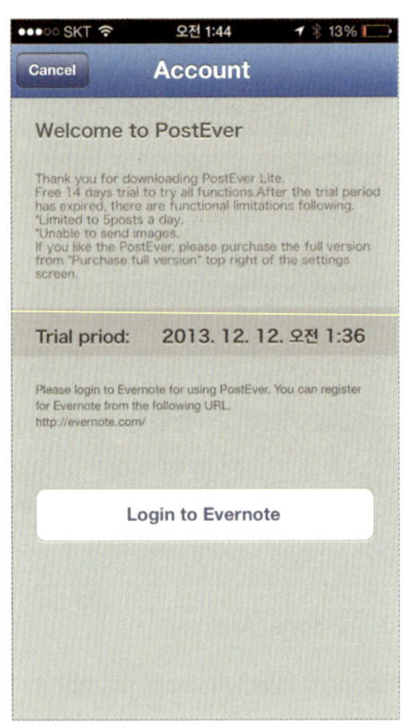

02　에버노트 계정과 연결이 완료되면 텍스트 입력 화면으로 돌아와 기록하고자 하는 내용을 키보드로 입력한 후 오른쪽 상단의 [Send] 버튼을 누릅니다.

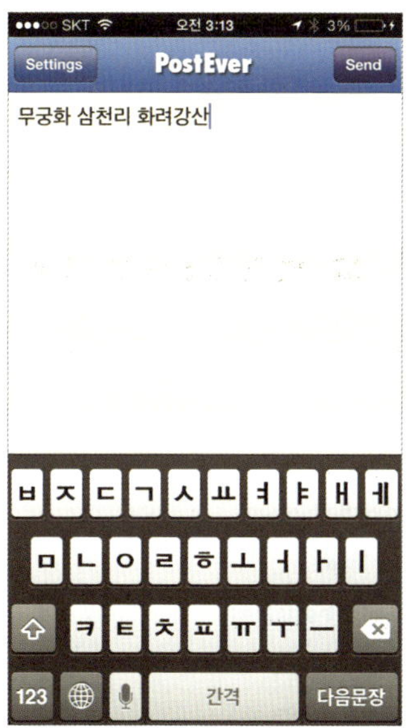

03 에버노트를 실행하면 PostEver에서 텍스트를 입력한 순서에 따라 작성 시간, 장소 정보가 함께 기록된 것을 확인할 수 있습니다.

04 단순한 텍스트 외에 카메라로 촬영한 사진, 갤러리의 사진, 체크박스 등 좀 더 체계적인 메모를 입력하기 원한다면 [Setting] 버튼을 눌러 [Tool bar] 설정 항목을 활성화합니다.

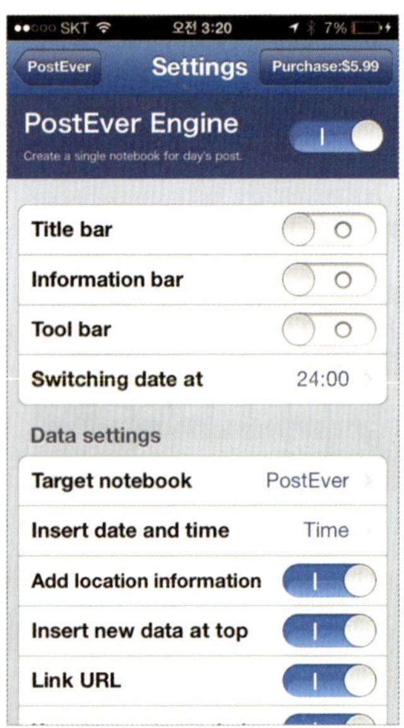

05 [Tool bar] 옵션을 활성화한 후 텍스트 입력 화면으로 돌아오면 입력창 위에 설정 전에는 없던 Tool Bar가 나타나 있음을 알 수 있습니다.

TIP

Postever 옵션 변경하기

PostEver는 다양한 설정 값을 지원합니다. 나의 메모 방식에 맞게 설정을 변경할 수 있습니다.

· PostEver Engine : 입력된 메모의 저장 방식을 변경합니다.

· Title Bar : 텍스트 입력 화면에 노트의 제목을 표시합니다.

· Information Bar : 에버노트로 전송되는 노트북 이름을 표시합니다.

· Tool Bar : 다양한 입력을 지원하는 아이콘 툴바를 표시합니다.

· Swithching Date at : Post Engine 방식 사용 시 날짜별 노트를 생성할 시점을 지정합니다.

· Target notebook : 에버노트 노트북 목록 중 PostEver로 작성된 메모가 저장될 노트북을 지정할
  수 있습니다.

· Insert date and time : 각 메모가 입력되는 날짜와 시간의 형태를 변경할 수 있습니다.

· Add location information : 메모가 작성된 위치 정보의 기록 유/무를 변경할 수 있습니다.

· Insert new data at top : 설정 활성화 시 새로운 메모가 최상단에 기록됩니다.

· Link URL : URL 형태의 메모 기록 시 설정이 활성화되면 에버노트에 활성화된 http 링크로 기록
  됩니다.

· Keep Tags on Transmission : 설정 활성화 상태일 경우 에버노트로 노트 전송 시 새로운 태그가
  추가되어도 기존 노트의 태그를 유지합니다. 비활성화시 기존 태그는 삭제됩니다.

· Image send settings : 이미지 전송 시 사진의 크기를 지정할 수 있습니다.

· Image save settings : 촬영된 이미지를 갤러리에 저장하거나 위치 정보를 사진에 기록할 수 있도

록 설정할 수 있습니다.

· Elephants animation : 에버노트로 노트 전송 시 코끼리 아이콘을 표시합니다.

· Dark Keyboard : 키보드의 색상을 변경합니다.

· Line Break In a Send Button : [Send] 버튼과 키보드의 [다음문장] 키를 바꿔 키보드에서 입력한 후 바로 전송할 수 있도록 설정합니다.

TIP

태그 추가 및 변경하기

태그를 추가하면 작성한 데이터들을 원하는 대로 빠르게 검색하여 사용할 수 있습니다.

1. 태그를 추가하려면 입력창 하단 [Tool bar]에서 태그 입력 아이콘 을 누릅니다. 에버노트와 계정이 정상적으로 연결되어 있다면 에버노트에 사용하던 태그가 자동으로 태그 목록에 나타납니다. 지정하고자 하는 태그를 선택하거나 + 버튼을 눌러 새롭게 추가할 수 있습니다.

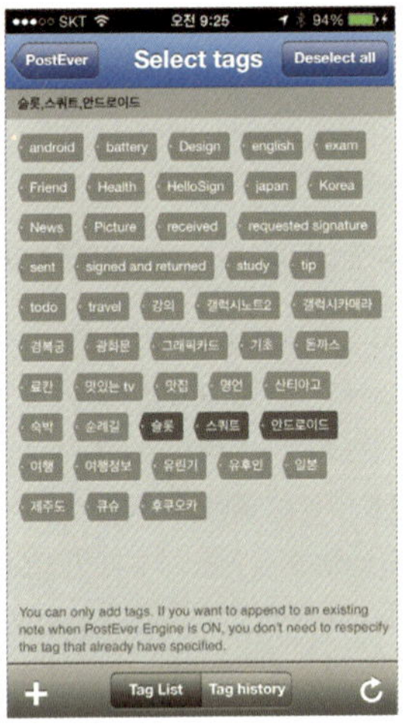

2. 이전에 등록했던 태그 묶음이 있다면 화면 하단의 [Tag history] 버튼을 눌러서 이용할 수 있습니다.

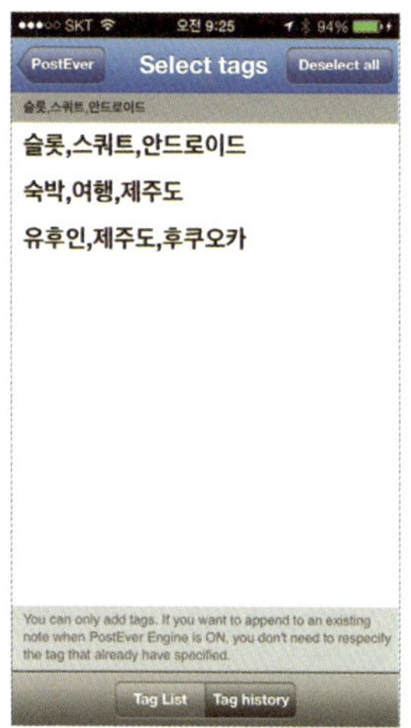

- 태그 추가 기능을 이용하려면 [Settings]에서 Tool Bar 항목을 활성화해야 합니다.
- PostEver는 iOS 애플리케이션과 Android 버전의 모든 기능이 동일하지는 않습니다.
- 태그 입력 기능의 경우 iOS 버전에서만 제공됩니다.
- [Settings] 설정 항목에서 [Keep tags on transmission] 설정이 활성화되어 있다면 새로운 태그 입력 시 기존 노트의 태그에 추가됩니다. 비활성화 상태라면 이전 태그는 삭제되고 새로운 태그로 교체됩니다.

[이런 작업도 가능해요!]

- Post Ever Engine을 비활성화하면 기존 에버노트 방식대로 하나의 메모에 하나의 노트로 기록합니다.
- 대부분의 메모가 짧은 단문이라면 [Send] 버튼과 키보드의 [다음문장] 키를 서로 맞바꿔서 더 빠르게 입력하고 저장 기능을 실행할 수 있습니다.

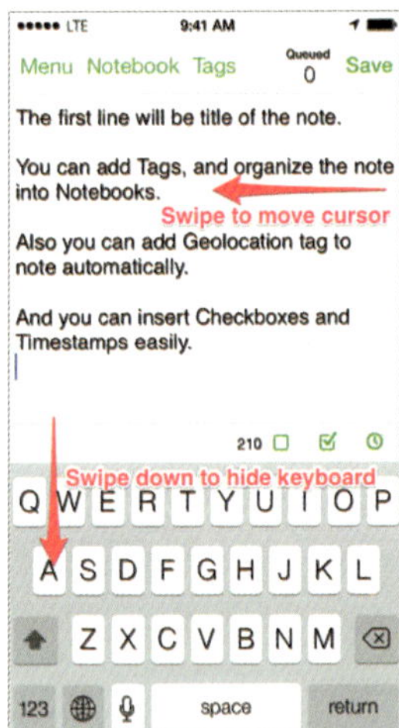

관련앱

| Fast Ever |

[지원 기기] iPhone, iPad

[유료] 1.99$

FastEver는 PostEver처럼 빠르게 에버노트에 메모할 수 있도록 도와주는 애플리케이션입니다. FastEver는 PostEver와 달리 아이폰과 아이패드에서만 사용이 가능합니다. 또 작성하려는 콘텐츠별로 각각 별도의 다른 앱을 지원합니다. 먼저 텍스트 형태의 메모 입력을 도와주는 FastEver-Quickly Creat Evernote Text, 카메라로 새로운 이미지를 찍거나 갤러리를 통해 불러와 에버노트에 이미지노트를 작성하는 FastEver Snap –Camera for Evernote, 아이패드 유저를 위한 Fast Ever XL 버전이 있습니다.

– iOS를 이용하는 에버노트 사용자만 이용할 수 있습니다.
– 텍스트, 이미지, 기기별 기기 및 콘텐츠 맞춤형 애플리케이션으로 분리되어 있어 콘텐츠 특성에 맞는 빠른 메모가 가능합니다.

Chapter 02

Awesome Note –
체계적인 노트 입력을 원할 때

어썸노트(Awesome Note)는 할 일(To-do) 및 일정 관리 기능이 결합된 혁신적인 노트 애플리케이션입니다. 어썸노트에서 작성된 노트와 폴더는 에버노트와 완벽하게 동기화할 수 있으며 동기화가 설정된 에버노트에서 내용이 수정되면 어썸노트의 노트도 동시에 수정되어 에버노트, 어썸노트 어느 한 곳에서 노트가 작성되어도 편리하게 노트를 확인할 수 있습니다. 특히 미리 설정된 다양한 노트 형태로 글쓰기가 가능하여 세련되고 체계적인 입력이 가능합니다. 어썸노트는 아이폰과 아이패드 버전만 앱스토어를 통해 제공되며 안드로이드는 삼성 갤럭시노트 8.0에서만 제조사 사전 탑재 애플리케이션으로 사용할 수 있습니다. 기타 안드로이드 OS 제품은 지원하지 않습니다.

[지원 기기] iPhone, iPad, 갤럭시노트 8.0(사전 탑재)

[유료] iPhone 3.99$ / iPad 4.99$

[다운로드]

iPhone

iPad

[이런 경우 사용하세요!]

- 단순한 텍스트 위주의 입력보다는 체계적인 노트 입력을 원할 때
- 캘린더, 할 일 관리(To-do) 등 노트와 일정 관리를 연동해서 사용하고자 할 때

- 반복적으로 특정한 양식의 메모를 자주 입력해야 할 때
- 아기자기하고 예쁜 UI의 메모앱을 원할 때

01 어썸노트를 실행하면 크게 할 일/캘린더 영역, 입력 및 검색 영역, 폴더 영역으로 구성된 화면을 볼 수 있습니다.

02 어썸노트는 특정 서비스와 연동 과정 없이도 노트 입력 및 관리가 가능합니다. 하지만 안정적인 노트 관리를 위해 구글 드라이브나 에버노트와 같은 서비스와 연동해서 사용하는 것이 좋습니다. 에버노트와 연동하려면 화면 아래쪽 설정 아이콘을 눌러 [Evernote(노트 전송 및 동기화)]를 선택하거나 오른쪽 동기화 아이콘을 눌러 [Evernote] 항목을 누릅니다.

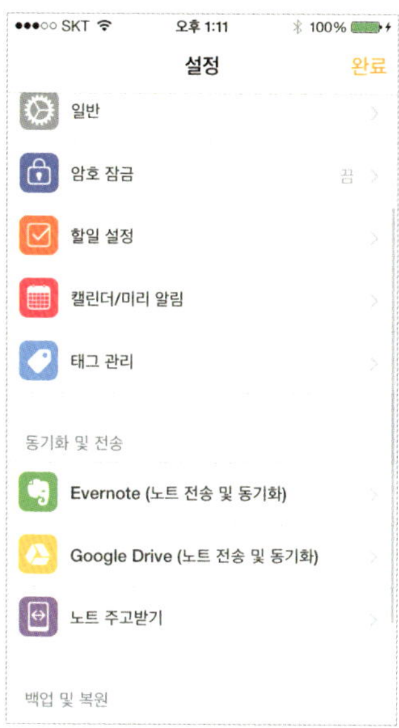

03 에버노트 연결 설정에서 [에버노트 ID]와 [비밀번호]를 입력한 후 승인 과정을
통해 에버노트와 어썸노트를 연결합니다.

04 연결이 완료되면 Evernote 동기화 세부 옵션이 나타납니다. 사용 편의를 위해 [자동 동기화]를 항목을 활성화합니다. 사용하는 요금제의 3G/LTE 데이터양이 충분하지 않다면 [자동 동기화는 Wi-Fi에서만 허용] 설정을 활성해서 Wi-Fi 연결 시에만 동기화되도록 설정할 수 있습니다.

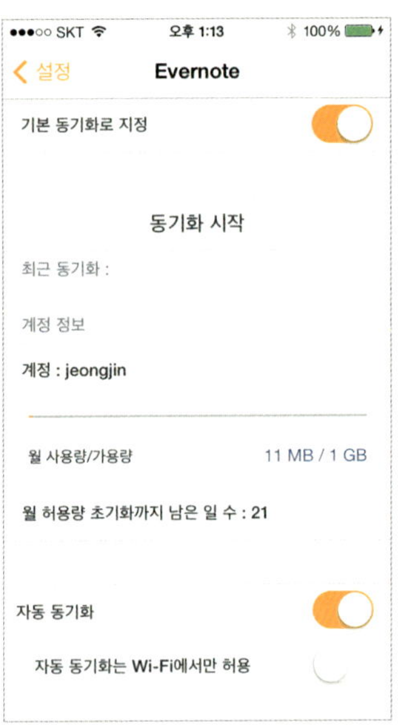

05 자동 동기화가 진행되면 에버노트 노트북 목록에 [aNote]라는 말머리가 붙은 여러 개의 노트북이 생성된 것을 확인할 수 있습니다.

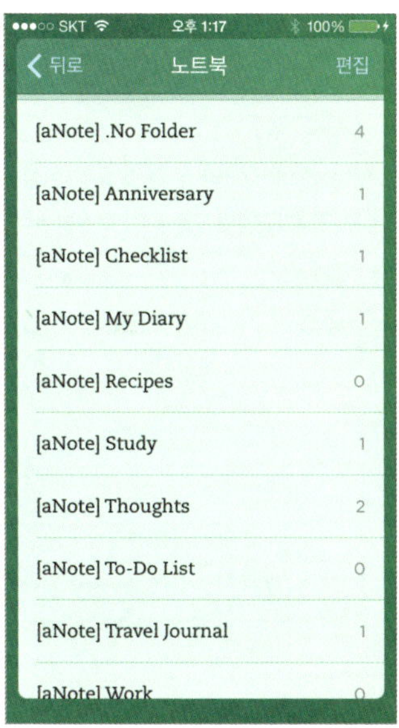

06 어썸노트에서 새로운 노트를 작성하기 위해 처음 화면에서 [+] 버튼을 누릅니다. 템플릿이 필요 없는 간단한 메모라면 [빠른 메모] 메뉴를 이용하여 포스트잇에 기록하듯 간단히 기록할 수도 있습니다.

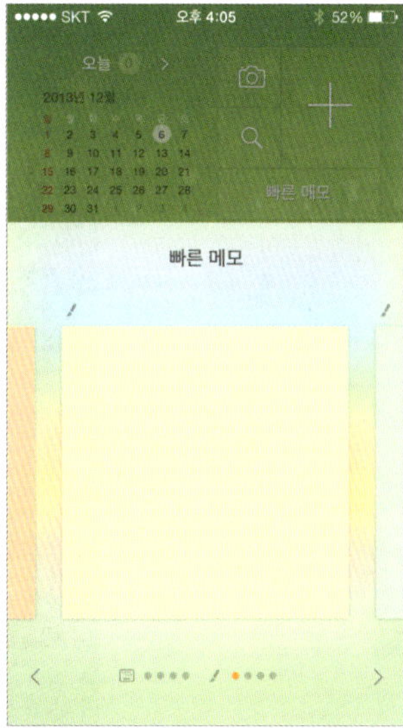

앱을 암호로 보호할 수 있어요

어썸노트에서는 앱을 실행하거나 에버노트로 동기화할 때 노트가 작성된 폴더별로 암호를 설정할 수 있습니다. 비밀스런 내용의 노트는 4자리 PIN 암호화를 통해 보호할 수 있습니다. 암호는 설정 메뉴 중 [암호 잠금] 항목을 통해 설정할 수 있습니다.

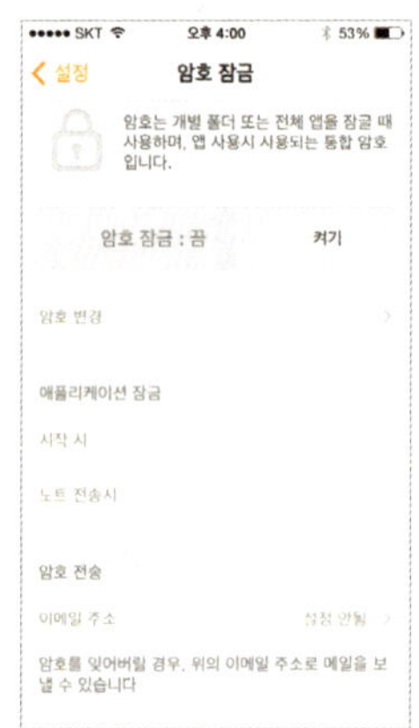

개별 폴더를 암호로 보호할 수 있어요

폴더별로 암호를 설정하려면 어썸노트의 처음 화면에서 아래쪽의 폴더 설정 아이콘 을 눌러 폴더 목록으로 실행합니다.

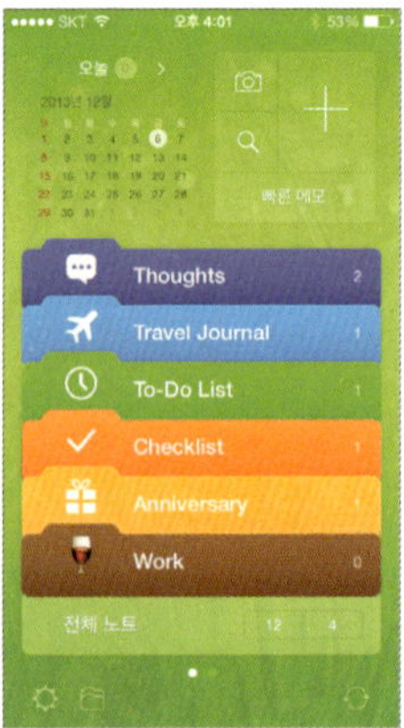

폴더 목록 편집 화면에서는 각 노트 폴더의 세부적인 항목의 변경이 가능합니다. 폴더 암호 설정을 위해 각 폴더명 오른쪽의 [편집] 버튼을 누릅니다.

폴더 설정에서 암호 & 동기화 항목에서 [암호 잠금]을 활성화합니다. 암호는 어썸노트 암호잠금에서 설정했던 암호와 동일하게 설정됩니다. 주의할 점은 어썸노트에서 암호화된 폴더의 노트라도 에버노트에서는 동시에 암호화를 지원하지 않는다는 것입니다.

폴더별로 동기화 설정이 가능합니다.

어썸노트에 기본으로 설정되어 있는 모든 폴더가 에버노트와 동기화되어 에버노트 노트북 목록이 지저분해졌다면 어썸노트 폴더 설정에서 동기화할 노트를 선택적으로 지정할 수 있습니다. 에버노트와 동기화를 하고 싶지 않은 폴더는 각 폴더의 폴더 설정에서 [이 폴더를 동기화] 항목을 해제합니다.

지도, 드로잉 입력 기능으로 노트를 더 풍부하게 꾸밀 수 있어요

어썸노트에서는 단순 텍스트, 이미지 입력 외에도 직접 손가락이나 펜을 이용한 필기나 그림을 넣을 수 있습니다. 또 지도 이미지도 노트에 추가할 수 있어 약도를 넣거나 노트와 관련된 위치를 좀 더 깔끔하게 작성할 수 있습니다. 드로잉이나 지도 사진을 입력하려면 노트 작성 화면 하단의 첨부 파일 아이콘 ∅ 을 누릅니다.

[이런 작업도 가능해요!]

– 에버노트가 아닌 구글 드라이브를 기본 동기화로 설정할 수 있습니다.

– 어썸노트 사용자라면 블루투스를 통해서도 서로 노트를 주고받을 수 있습니다.

– Wi-Fi 웹서비스, iTunes를 통한 백업이 가능합니다.

– 캘린더를 클릭하면 일별로 입력된 노트를 한눈에 확인할 수 있습니다.

Chapter 03

Drafts – 노트의 반복되는 공유가 많을 때

Drafts는 빠른 기록과 함께 다양한 웹서비스 및 애플리케이션과 공유가 가능하도록 설계된 독특한 메모 애플리케이션입니다. Drafts를 실행하면 바로 텍스트를 입력할 수 있으며 입력된 텍스트를 어떻게 할지 결정되지 않았다면 입력된 순서에 따라 종이 메모가 쌓이듯 차곡차곡 정리됩니다. 그리고 입력된 모든 내용은 검색을 통해 언제라도 쉽게 찾을 수 있습니다. 특히 미리 설정된 옵션에 따라 메모를 이메일로 보내거나 특정 서비스로 전송할 수 있는 기능을 가지고 있습니다. 다양한 소셜 네트워크(SNS) 클라이언트 애플리케이션을 대체할 수 있습니다. 또 멀티 디바이스를 지원하여 서로 다른 기기에서 작성된 Dfaft라도 빠르게 동기화됩니다.

[이런 경우 사용하세요!]

- 빠르고 간편한 노트 작성을 원할 때
- SNS 서비스나 클라우드 등 다양한 서비스에 공유하는 일이 많은 경우
- 특정 대상이나 특정한 형식의 반복되는 공유가 많을 때

에버노트와 계정 연결하기 

01   Drafts는 한 곳에서 간편하게 작성하고 쉽게 공유한다는 것에 초점을 맞춘 애
플리케이션입니다. 자주 사용한 소셜 네트워크 서비스(SNS), 클라우드(Cloud) 서
비스를 등록해두면 공유 시 편리하게 이용할 수 있습니다. 각 서비스를 Drafts와
연결하려면 툴 바 우측에 있는 공유 아이콘 을 누릅니다.

02   여러 항목의 공유 액션들이 화면에 나타납니다. 오른쪽 끝에 설정 아이콘
을 누릅니다.

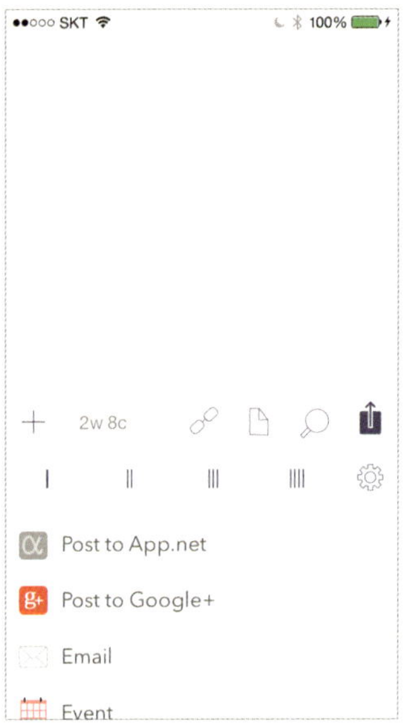

03 화면을 아래로 내리면 [ACCOUNTS] 항목이 나타납니다. 사용자가 사용하는
여러 서비스들을 Drafts와 연결할 수 있습니다. 각 서비스와 연결되지 않은 상태에
서는 서비스명 우측에 [Link]로 표시됩니다.

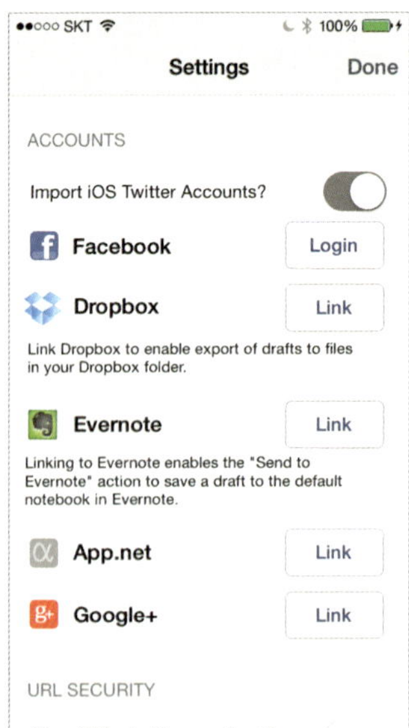

04 Evernote 항목을 아이디 인증을 통해 연결하면 Drafts와 연결된 서비스 항목
은 [Unlink] 버튼이 활성화됩니다.

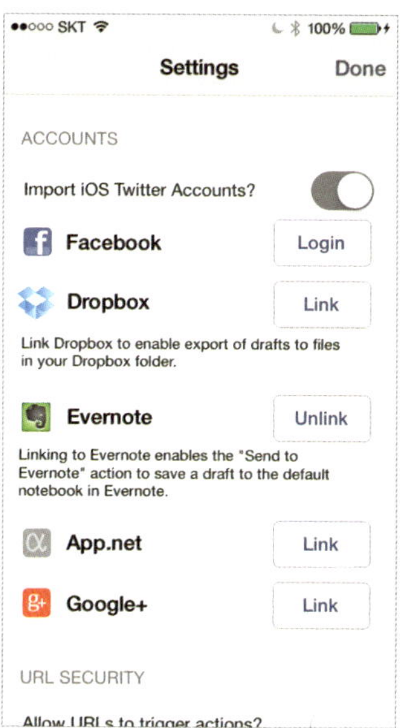

노트성과 Action

01 Evernote로 노트로 메모한 내용을 보내려면 툴 바에서 새 페이지 버튼 + 을
눌러 새 페이지를 열고 간단한 텍스트를 입력합니다.

02　입력이 완료되면 공유를 위해 툴 바에서 공유 버튼 을 누른 후 첫 번째 Action 리스트 중에서 [Save To Evernote]를 누릅니다.

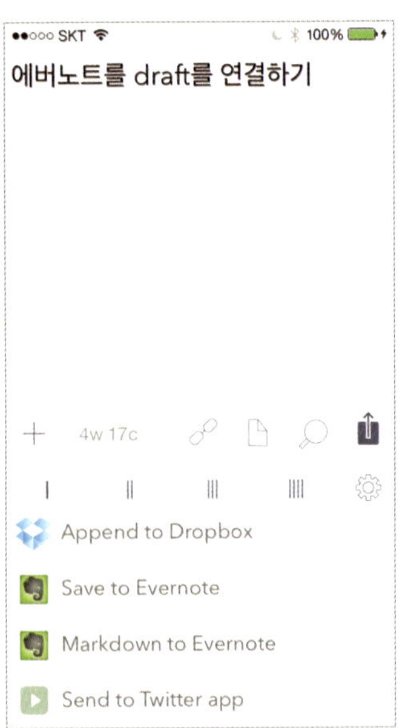

03 Evernote로 전송이 완료되면 [Save to Evernote]라는 메시지가 나타났다 사라집니다. 한 번 전송이 완료된 Action 항목 우측에는 ✓ 아이콘이 표시되어 중복 전송되는 것을 방지할 수 있습니다.

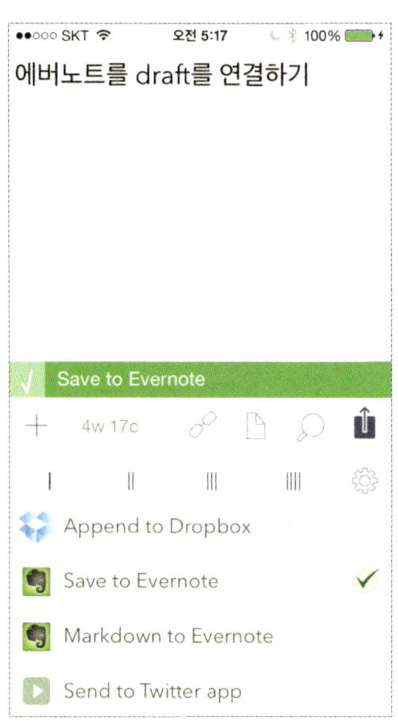

TIP

Action 보관 및 삭제

글을 작성하고 Action을 한 후 따로 보관하거나 삭제하도록 설정할 수 있습니다. 한 번 에버노트나 기타 서비스로 공유된 노트가 필요 없거나 별도로 보관이 필요하다면 설정에서 공유한 후에 각 노트를 어떻게 처리할지 설정할 수 있습니다. [By Default, After Action success]에서 공유 Action한 후 노트를 별도로 보관하려면 [Archive], 삭제하려면 [Delete]를 선택합니다.

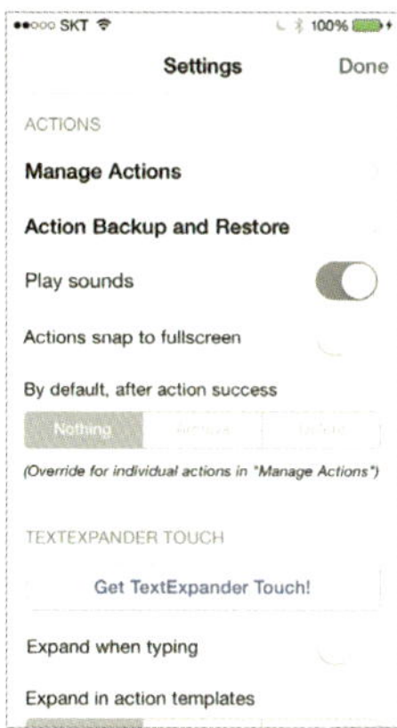

> **TIP**
>
> ## Custom Action 설정
>
> Custom Action을 통해 각 서비스에 맞는 Action을 더 세밀하게 설정할 수 있습니다. 설정 메뉴 [Custom Action] 항목을 이용하면 특정 서비스나 애플리케이션을 통해 공유할 때 제목, 저장 장소, 대상 등을 지정하거나 자동으로 지정할 수 있습니다. 기본적으로 Email, Message, Dropbox, Evernote, URL 열기에 대해 가능하면 [Visit the Action Directory]를 통해 다양한 Custom Action을 다운로드 받아 추가할 수 있습니다. 예를 들어 Evernote Action에 Write:[Prepend], Template:[Time]을 추가하면 앞에서 소개한 Postever처럼 하나의 노트 안에 연속해서 하루 동안 연속적으로 기록한 메모들을 시간 순서에 따라 저장할 수 있습니다.

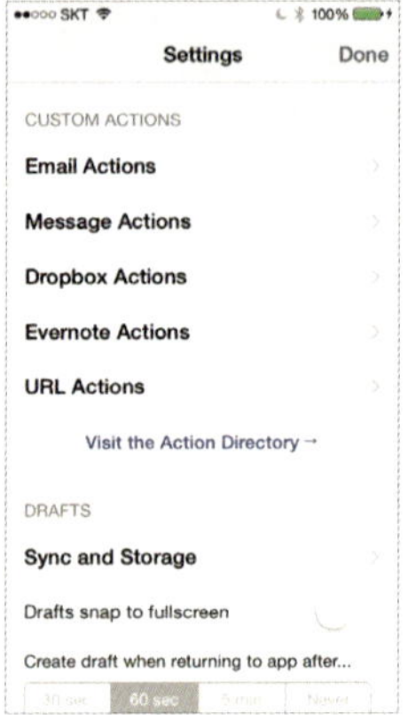

> **TIP**
>
> ## Drafts Action directory 활용하기
>
> Drafts Action directory(웹사이트)를 이용하면 미리 만들어 놓은 다양한 Custom Action을 설치하여 이용할 수 있습니다. 직접 Custom Action을 설정하는 것이 어렵다면 [Drafts Action Directory]를 이용하여 웹사이트를 제공하고 있는 다양한 Draft Action을 다운받아 설치하면 좀 더 다양한 공유 Action을 이용할 수 있습니다. 설치된 각각의 Custom Action들은 분류에 따라 [Email Actions], [Message Action], [Dropbox Action], [Evernote Actions], [URL Actions]에 저장됩니다.

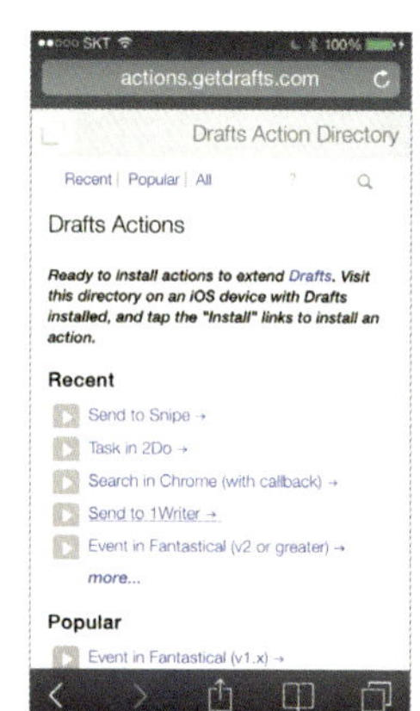

예를 들어 Drafts에 작성된 텍스트를 자동으로 구글에서 검색해주는 Action인 [Search on Google]
를 설치하면 URL Action 항목에 저장됩니다.

[이런 작업도 가능해요!]

- Dropbox와 계정이 연결되면 사용자가 원하는 Action을 만들고 클라우드에 백업할 수 있습니다. 스마트폰이
  초기화되더라도 Dropbox를 통해 복구할 수 있습니다.
- Text Expander Touch와 연동하여 미리 짧게 축약된 단어로 자주 사용하는 단어를 빠르게 입력하거나 공유
  Action을 더 편리하게 이용할 수 있습니다.
- iOS 미리알림 애플리케이션과 연동하여 미리알림 항목에 'Drafts'라는 탭을 만들고 간단하게 입력합니다.
  'Drafts' 리스트에 미완료된 항목이 있을 경우 자동으로 Drafts 목록으로 가져오기할 수 있습니다. 다시 내용
  을 잘 다듬어 미리알림 애플리케이션에 다시 등록할 수 있습니다.

Clever –
에버노트 멀티 계정을 사용할 때

Clever는 노트 목록, 검색, 수정, 새 노트, 노트북으로 복사 및 이동 등 에버노트의 대부분의 기능을 완벽하게 지원하는 에버노트 클라이언트 애플리케이션입니다. 또 한 개 이상의 에버노트 계정을 이용하는 사용자를 위해 멀티 계정을 지원하여 업무용이나 주제별로 여러 계정을 사용하는 경우 하나의 클라이언트로 효율적으로 관리할 수 있습니다.

[이런 경우 사용하세요!]

- 주제별, 업무용 등 하나 이상의 에버노트 계정을 이용하는 에버노트 사용자
- 애니메이션 효과, 사운드, 알림 창 등 좀 더 깔끔한 UI를 사용하고 싶을 때
- 맞춤형 메뉴를 사용하여 자주 이용하는 항목 위주로 메뉴를 구성하고 싶을 때
- 에버노트 프리미엄 계정이 없지만 오프라인 모드를 사용하고 싶을 때

01 Clever는 에버노트 전용 클라이언트 애플리케이션이기 때문에 에버노트 계정 없이 사용할 수 없습니다. Clever를 실행하면 별도의 설정 과정 없이 에버노트와 Clever를 연동시키기 위한 인증창이 자동으로 실행됩니다. 에버노트 아이디와 비번을 입력하여 에버노트 계정과 Clever를 연결합니다.

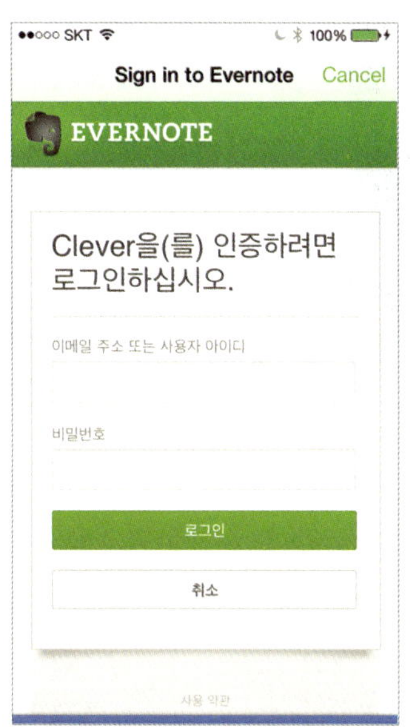

02 에버노트와 연결이 완료되면 계정과 연결된 모든 노트의 목록이 나타납니다. 왼쪽 상단의 메뉴 버튼 ≡ 을 통해 어디서라도 빠르게 메뉴 항목을 이용할 수 있습니다. 또 오른쪽 상단의 추가 버튼 + 을 누르면 새 노트 작성, 새로운 이미지 추가, 사진 촬영 후 이미지 추가, 음성 녹음, Drafts 노트, 새로운 노트북 추가 등의 작성 모드도 편하게 이용할 수 있습니다.

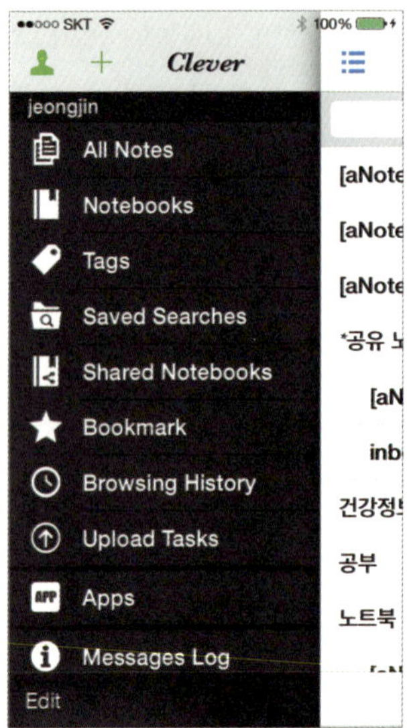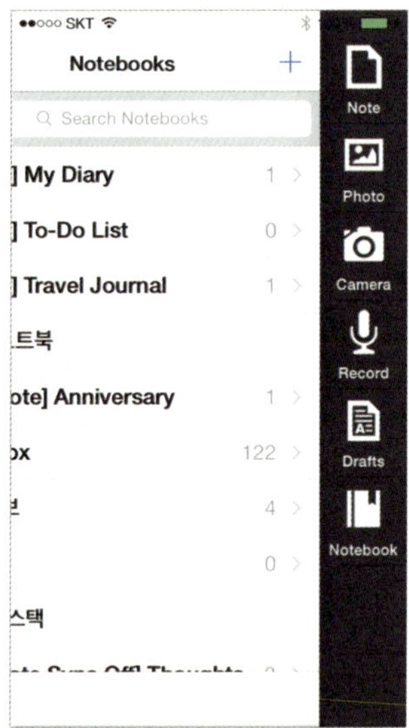

03 좌측 메뉴 리스트는 [Edit] 버튼을 클릭해 리스트 편집모드를 실행할 수 있습니다. 삭제 버튼 을 눌러 각 메뉴를 삭제하거나 순서 변경 버튼 을 누른 상태로 위아래로 옮겨주면 순서를 변경할 수 있습니다.

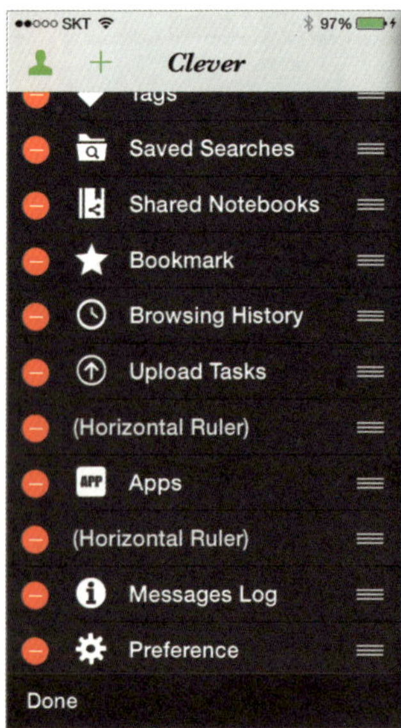

04 Clever의 가장 큰 대표적인 기능인 멀티계정 기능을 이용하고 싶다면 메뉴 항목에서 계정 변경 버튼 을 누른 후 [Add New Account]를 클릭해 추가할 수 있습니다. 계정이 추가된 후 계정 변경 버튼을 통해 원하는 계정으로 변경할 수 있습니다.

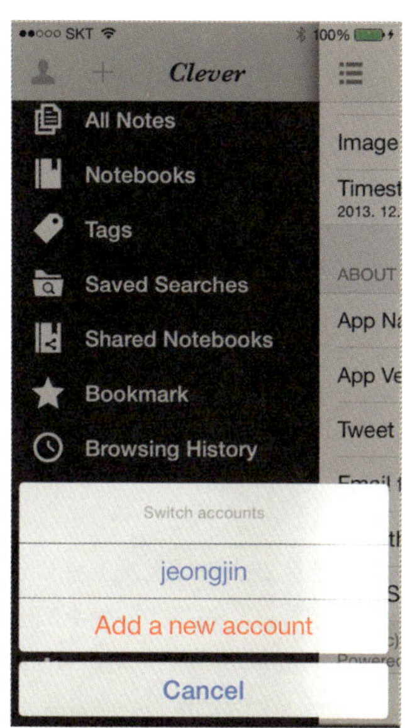

> **TIP**
>
> ### 소리 설정과 빠른 실행
>
> 더 빨리 Clever를 실행하고 싶거나 메뉴 클릭 시 소리가 너무 크고 거슬린다면 설정에서 변경할 수 있습니다. Clever는 시작할 때 애니메이션 효과와 각 메뉴 클릭 시 사용자가 정확히 메뉴 실행 상태를 인지할 수 있도록 효과음을 제공하고 있습니다. Clever를 더 빨리 실행시키거나 메뉴 클릭 시 발생하는 효과음이 너무 크다면 설정에서 [Start Up Animation] 항목을 끄거나 [SE Volume] 슬라이더를 좌우로 조절합니다.

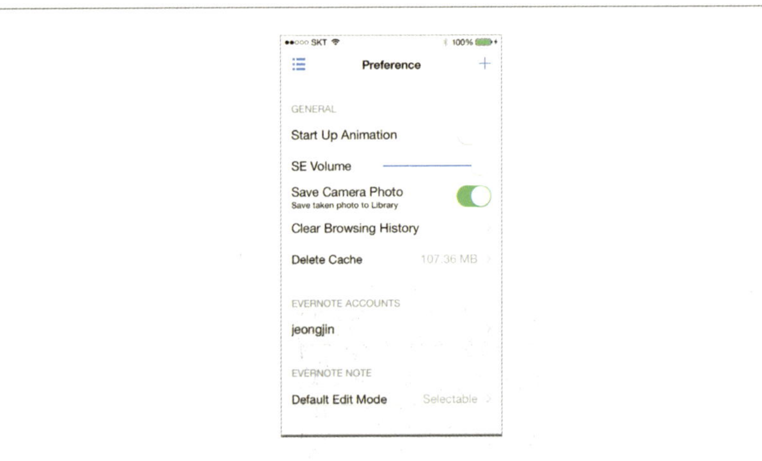

TIP

다양한 편집 모드 지원

Clever는 기존의 노트를 편집할 때 다양한 편집 모드를 선택할 수 있습니다. Clever는 기존 노트를 편집할 때 사용자의 편집 패턴에 맞는 다양한 편집 모드를 이용할 수 있습니다. 노트 기본 편집 모드 설정은 [Default Edit Mode]에서 변경할 수 있습니다. 노트 전체를 편집하려면 [Edit]를 선택합니다. 노트의 새로운 내용을 앞이나 뒤쪽 부분에 추가하고 싶다면 각각 [Prepend], [Append] 항목을 선택합니다. 매번 편집할 때마다 편집 모드를 선택하고 싶다면 [Selectable]을 기본 모드로 설정할 수 있습니다.

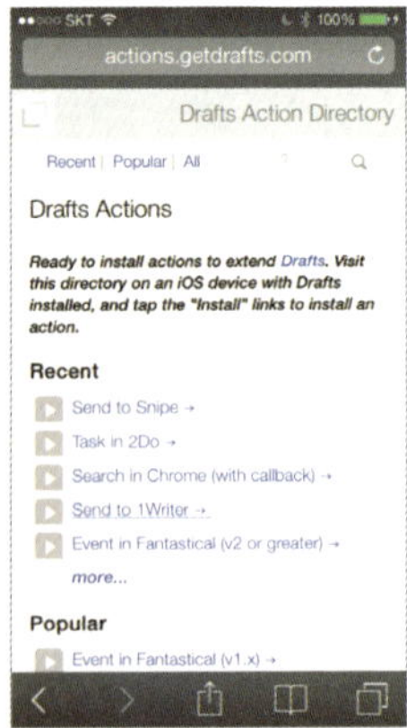

TIP

퀵 메뉴 이용하기

노트 목록에서 노트를 좌우로 슬라이드 하면 퀵 메뉴를 이용할 수 있습니다. 노트 목록에서 언제라도 좌우로 슬라이드하면 편집, 새로고침, 북마크 추가, 노트 정보, 추가 메뉴 등의 기능을 빠르게 이용할 수 있습니다.

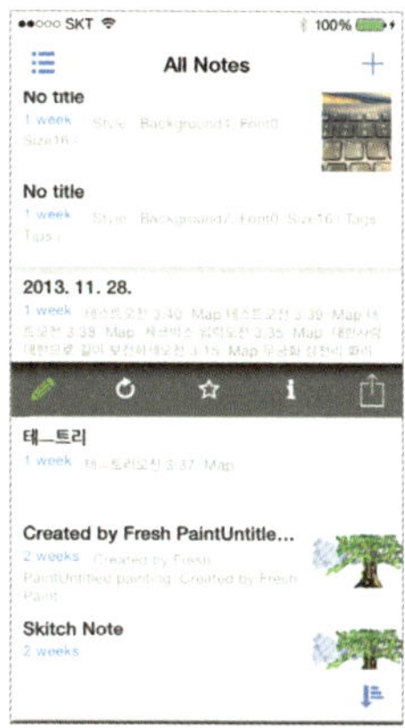

[이런 작업도 가능해요!]

- Apps 메뉴를 통해 Evernote 관련 애플리케이션을 다운받아 설치할 수 있습니다.
- 검색창을 통해 검색된 노트나 노트 목록을 저장할 수 있습니다.
- 저장된 검색 키워드를 메뉴에 등록하여 바로가기를 생성할 수 있습니다.

Chapter 05

Bamboo Paper –
자유로운 필기로 순간의 생각을 담다

Bamboo Paper는 갤럭시 노트에 펜 입력 기술을 제공하고 있는 Wacom 사가 만든 필기 & 스케치 애플리케이션입니다. 창의적인 순간과 생각을 담을 수 있도록 부드러운 필기감을 제공하며 콘텐츠에 맞는 다양한 색, 재질, 그리드의 노트를 이용할 수 있습니다. Bamboo Paper 애플리케이션은 아이폰이나 안드로이드 스마트폰에서는 이용할 수 없습니다. 펜 입력에 유리한 대화면을 갖춘 아이패드 및 Wacom 디지타이저 사용이 가능한 Mac, 윈도우에서만 이용할 수 있습니다.

[지원 기기] iPad, Mac, Android, Windows

[무료] 일부 노트와 도구의 경우 인앱(In-App) 결제를 해서 구매 가능

[다운로드] Mac & Windows http://bamboodock.wacom.com/

iPad

Android

[이런 경우 사용하세요!]

- 부드러운 필기감을 제공하는 스케치 & 필기 앱이 필요할 때
- Mac, 윈도우에서 Wacom 디지타이저를 사용하는 경우
- 실제 노트와 같은 다양한 재질의 노트와 필기도구로 입력하기를 원할 때

01   Bamboo Paper를 실행하면 영감, 마이 노트, 스케치 세 개의 노트로 기본 구성된 페이지를 볼 수 있습니다. 각 노트마다 Bamboo Paper를 활용해서 만들어진 콘텐츠들이 예제로 작성되어 있어서 사용자가 어떻게 활용할 수 있을지 미리 경험해 볼 수 있습니다.

02   Bamboo Paper도 에버노트와의 연결을 통해 작성된 필기나 스케치를 에버노트에 저장할 수 있습니다. 에버노트와 연결하려면 화면 아래쪽의 노트 전송 버튼을 클릭해서 에버노트를 선택합니다.

03 Bamboo Paper는 에버노트로 전송하는 방법에 두 가지 옵션을 제공합니다. 첫 번째는 선택한 노트를 파일로 에버노트에 저장하는 것과 두 번째는 PDF로 에버노트에 보내는 방법입니다. 에버노트에서 내용을 확인하거나 검색하려면 PDF로 보내는 방식을 추천합니다. 만약 작성한 노트의 백업을 원할 때는 Bamboo Paper 파일로 보내기를 선택하면 됩니다.

04 노트를 작성하려면 노트를 선택하고 상단 그리기 도구에서 원하는 종류의 필기도구와 두께를 선택한 후 원하는 대로 메모하거나 그림을 그립니다.

05 잘못 작성된 부분은 지우개 나 페이지 지우기 버튼 을 눌러 수정할 수 있습니다. 또 작성한 노트 페이지를 검색 기능을 통해 쉽게 찾을 수 있도록 북마크 버튼 을 눌러 등록할 수도 있습니다.

06 잘못 작성된 부분은 지우개 나 페이지 지우기 버튼 을 눌러 수정할 수 있습니다. 또 작성한 노트 페이지를 검색 기능을 통해 쉽게 찾을 수 있도록 북마크 버튼 을 눌러 등록할 수도 있습니다.

읽기 전용 모드

읽기 전용 모드로 작성한 필기 메모를 훑어보거나 스케치를 감상할 수 있습니다. 필기 모드일 경우 작성이 완료된 노트북을 볼 때 페이지를 넘기다 보면 줄이 그어지거나 점이 찍혀 원본이 손상될 수 있습니다. 작성이 완료된 노트는 페이지를 읽기 전용으로 설정하여 이북을 보듯이 넘겨 볼 수 있습니다. 읽기 전용으로 설정된 노트 표지에는  아이콘이 표시됩니다.

비밀번호 설정하기

민감한 내용의 노트는 비밀번호를 설정해서 보호할 수 있습니다. 노트에 작성한 내용 중 다른 사람이 봐서는 안 되는 중요한 내용이 있을 경우 비밀번호를 설정하여 타인의 열람을 방지할 수 있습니다. 비밀번호 설정은 노트별로 설정이 가능합니다.

[이런 작업도 가능해요!]

- 노트 설정 옵션을 통해 노트의 색상 Paper 종류 등을 변경할 수 있습니다.

- Wacom에서 판매하는 스타일러스 펜을 구입해 더 세밀하고 자연스러운 필기 입력과 스케치가 가능합니다.

- 인앱(In-App) 결제를 통해 다양한 스케치북이나 그림, 필기도구를 구매할 수 있습니다.

- 왼손, 오른손 모드를 변경하거나 멀티터치 기능을 비활성화하여 필기 입력의 정확도를 높일 수 있습니다

NoteShelf –
iPad 사용자가 가장 많이 사용하는 오디오 & 필기 앱

NoteShelf는 책장 안에서 문서를 꺼내 주석을 달거나 그림을 그려 넣을 수 있는 기능을 제공합니다. 또한 그림을 그리는 것처럼 글을 써 넣을 수도 있어서 다양하게 활용할 수 있습니다.

[이런 경우 사용하세요!]

- iPad로 자유로운 필기와 스케치를 하고 싶을 때
- 종이 없는 사무 환경이나 학습 환경을 만들고 싶을 때
- PDF 문서에 필기로 메모하거나 주석달기 기능을 자주 사용할 때

01 아이패드에서 NoteShelf를 실행하면 이름 그대로 책장으로 된 화면이 나타납니다. NoteShelf의 기능은 크게 두 가지로 나눌 수 있습니다. 첫 번째는 PDF로 된 문서에 필기나 텍스트로 메모하거나 주석을 남기는 기능, 두 번째는 앞에서 소개한 Bamboo Paper처럼 노트에 자유롭게 그림을 그리거나 필기할 수 있는 기능입니다. 새로운 노트를 작성하려면 오른쪽 상단의 ➕ 버튼을 누릅니다.

02 노트북의 제목을 '에버노트'라고 입력하고 빠르게 노트북을 만들기 위해 [Quick Creat]를 클릭합니다. 노트의 종류 및 색상을 변경하고 싶다면 [Customize Notebook]을 클릭합니다. 아니면 하단의 IMPORT FROM 메뉴에서 기존의 PDF를 불러와 메모나 주석을 달거나 아이패드 사진 애플리케이션에서 사진을 불러와 새로운 PDF 파일을 생성할 수도 있습니다.

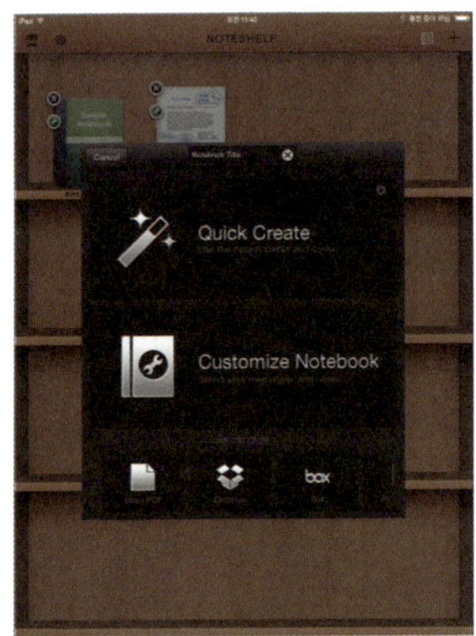

03 새로 생성된 노트북을 눌러 노트를 열면 필기할 수 있는 줄 노트가 보입니다. NoteShelf는 필기용(볼펜, 만년필, 색연필) , 강조용(형광펜) 필기모드를 지원합니다. 상단의 버튼을 누르면 다양한 색과 번호를 좌우로 조정해 굵기를 조절할 수 있습니다.

04　텍스트를 입력하려면 텍스트 아이콘 T 을 누른 후 입력을 원하는 부분에 두 번 연속해서 탭하면 텍스트 입력이 가능합니다. 텍스트 입력 후 텍스트 상자의 크기를 조절할 수 있습니다.

05　텍스트의 크기와 폰트를 변경하려면 상단 툴바의 오른쪽 설정 아이콘 을 눌러 노트북 설정에서 [Default Font Name], [Default Font Size]를 변경합니다.

06 더 깔끔하게 줄을 맞춰 글을 쓰고 싶은데 펜이 너무 두꺼워서 쓰기 어렵다면 확대 모드를 이용해서 페이지를 크게 만든 후 입력하고 다시 원래 페이지로 돌아올 수 있습니다.

07 작성한 노트를 에버노트로 전송하려면 노트북 설정의 [Send Page]가 아닌 [Page Finder]를 이용해야 합니다. [Send Page]에서는 이메일, 트위터, 페이스북으로 현재 페이지를 보낼 수 있습니다. 에버노트로 전송하기 위해 [Page Finder] 버튼 을 누릅니다.

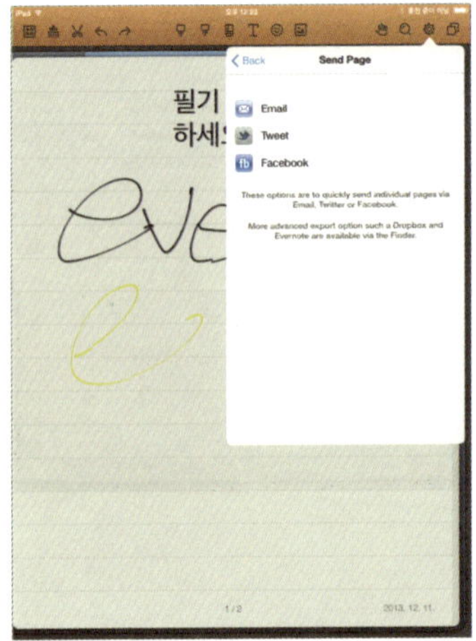

08 [Page Finder]에서 상단 오른쪽 [Select]를 누른 후 에버노트로 전송하려는 노
트 페이지를 선택합니다. 노트를 선택하면 하단의 [Export] 버튼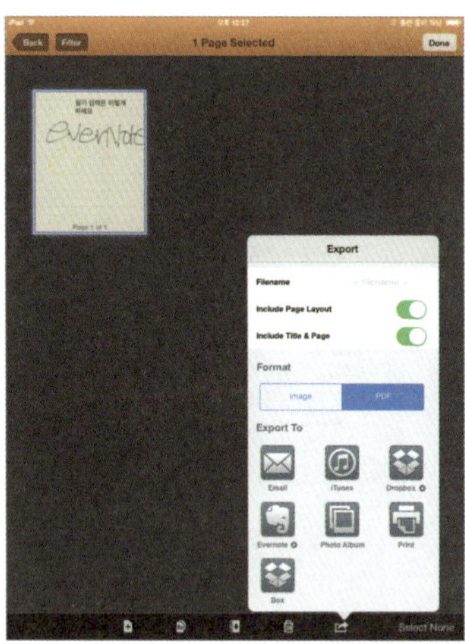이 활성화됩니
다.

09 [Export] 버튼을 누르면 이미지나 PDF 중 원하는 포맷을 선택한 후 에버
노트 버튼을 눌러 에버노트로 전송합니다.

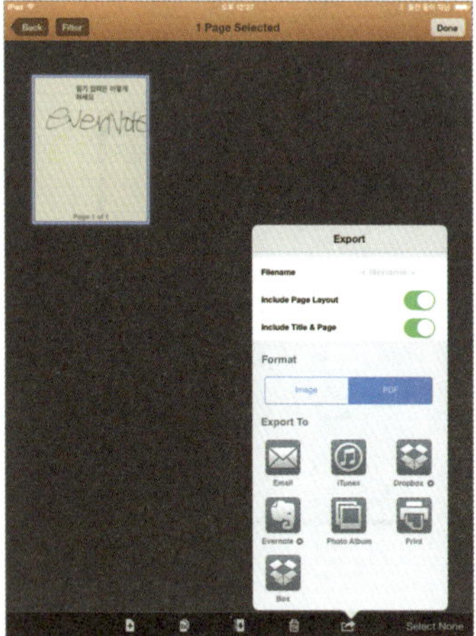

TIP

형광펜 덧칠하기

PDF 문서 파일을 보다가 강조하고 싶은 부분이 있다면 형광펜을 두세 번 그어주세요. NoteShelf에서는 실제 종이에 형광펜으로 밑줄을 긋는 것처럼 같은 줄에 두세 번 덧칠하면 덧칠한 부분은 더 진하게 색이 칠해져 중요하다고 생각하는 부분을 강조할 수 있습니다.

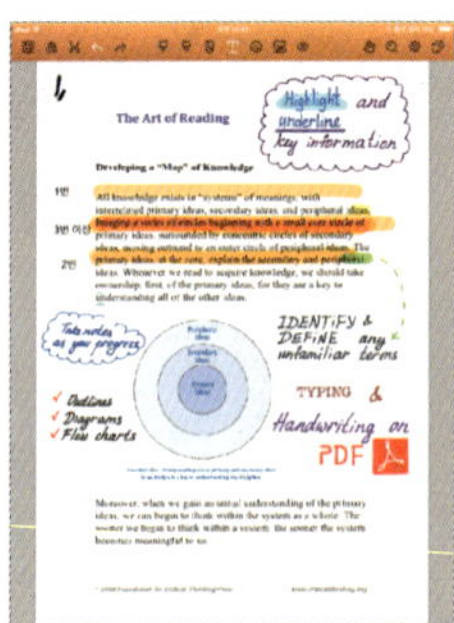

TIP

페이지 빠르게 찾기

페이지 하단의 페이지 번호를 누르면 노트의 모든 페이지를 미리보기 할 수 있습니다. 필기 노트가 많아져 어떤 노트에 무슨 내용이 있는지 찾기 힘들 경우 페이지 아래쪽의 페이지 번호를 클릭하면 [Page Finder]를 실행하지 않아도 빠르게 노트에서 바로 페이지를 미리보기할 수 있습니다. PDF 문서보기에서는 이 기능을 지원하지 않습니다.

[이런 작업도 가능해요!]

- NoteShelf는 되돌리기, 다시 실행을 무제한으로 지원하여 잘못 작성하거나 지운 부분을 쉽게 되돌릴 수 있습니다.
- Noteshelf Store를 이용하여 다양한 노트 커버, 노트를 구매할 수 있습니다. 무료 버전의 경우 한 개의 상품만 무료로 구매할 수 있습니다. 모든 기능을 지원하는 유료 버전의 경우 모든 판매 상품을 무료로 구매할 수 있습니다.
- 아이튠즈, Dropbox, Box, Photo Album를 통해 PDF 파일을 불러오거나 새로 생성할 수 있습니다.
- Jot Script, Wacom intuos, Pogo connect 같은 필기 입력에 특화된 다양한 스타일러스에 맞는 맞춤 옵션을 제공하여 전용 애플리케이션이 아니더라도 스타일러스에 맞는 최적의 필기 상태를 제공합니다.

Part

03

생산성 :
나의 업무 능력 200% 활용하기

에버노트를 더 쉽게 사용할 수 있게 해주고 생산성을 높여주는 애플리케이션을 몇 개나 사용하고 계시나요? 생산성 파트에서 소개하는 애플리케이션을 통해 에버노트 활용도를 높여보세요.

EverClip – 가장 많이 사용하는 생산성 앱

EverClip을 사용하면 웹 서핑을 하거나 애플리케이션 이용 중 텍스트나 이미지를 선택한 후 복사하기만 하면 자동으로 클리핑하고 클리핑한 콘텐츠를 정리한 후 에버노트에 저장할 수 있습니다. 또 PDF 문서에서도 이미지나 텍스트를 분리해서 저장하거나 여러 콘텐츠를 하나의 노트로 재구성하여 에버노트로 전송할 수 있습니다.

[이런 경우 사용하세요!]

- 이미지나 텍스트를 선택한 후 복사, 멀티태스킹을 통해 에버노트로 붙여넣기가 불편할 때
- 복사하기 기능으로 쉽게 클리핑하고 원하는 내용만 정리해서 에버노트로 보내고 싶을 때
- 클리핑한 많은 콘텐츠 중 관련 있는 콘텐츠만 하나의 노트로 재구성해 저장하고자 할 때

01 EverClip은 에버노트 계정을 기반으로 한 클리핑 애플리케이션입니다. 에버노트와의 연결 없이 독립적으로 사용할 수 없습니다. 애플리케이션을 실행한 후 로그인 버튼을 눌러 에버노트에 로그인합니다.

02 에버노트와 계정 연결한 후 EverClip을 실행하면 "시작하려면 다른 앱에서 텍스트 혹은 이미지를 복사한 후 다시 돌아오세요."라는 문구 외에 텅 빈 화면을 볼 수 있습니다. 웹서핑이나 애플리케이션을 사용하면서 원하는 콘텐츠를 선택한 후 복사하면 텅 빈 공간에 순차적으로 채워집니다.

03 먼저 웹에서 콘텐츠를 클리핑해보겠습니다. Safari 브라우저를 실행하여 Google.com에서 Evernote를 검색한 후 복사하기를 누릅니다. '띠딩' 알림음이 재생되는 것을 확인할 수 있습니다. 정상적으로 EverClip으로 클리핑되면 효과음이 재생됩니다.

04 다시 EverClip으로 돌아와 보면 Safari에서 복사한 부분이 텍스트와 출처 URL과 함께 깔끔하게 클리핑된 것을 확인할 수 있습니다. 클리핑 노트를 에버노트로 전송하려면 오른쪽 상단의 [Evernote 전송] 아이콘 을 누릅니다.

05 클리핑한 내용이 마음에 들지 않아 삭제하려면 클리핑 노트 목록 화면의 [편집] 버튼을 누릅니다.

06 [편집 모드]로 전환되면 왼쪽 하단 부분에 휴지통 아이콘이 나타납니다. 삭제하려는 노트를 선택한 후(선택되면 노트 오른쪽 모서리에 숫자가 표시됩니다) 휴지통 버튼 을 눌러 삭제합니다.

07 별도의 설정을 하지 않는다면 클리핑한 후 에버노트로 전송된 노트는 자동으로 inbox로 보내집니다. 별도로 전송을 원하는 노트북이 있다면 [설정]에서 [기본설정 노트] 항목을 변경한 후 에버노트로 저장할 수 있습니다.

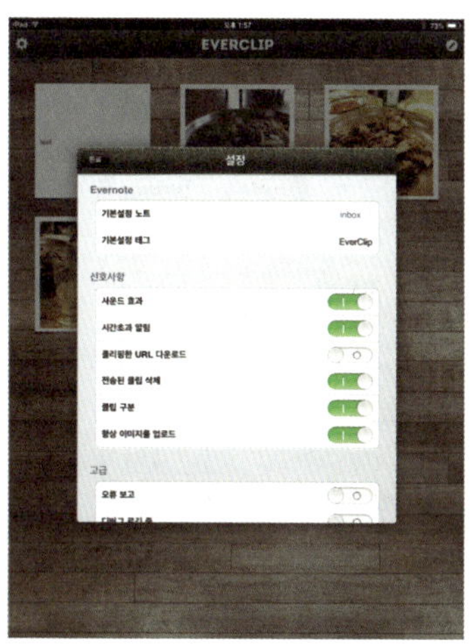

> **T I P**
>
> ## 에버노트로 전송한 클리핑 노트 삭제
>
> 에버노트로 전송한 클리핑 노트는 전송한 후 자동으로 삭제할 수 있습니다. 설정 항목 중 [전송된 클립 삭제]를 켜면 에버노트로 전송된 클리핑 노트를 따로 삭제할 필요 없이 자동으로 삭제됩니다.
>
> 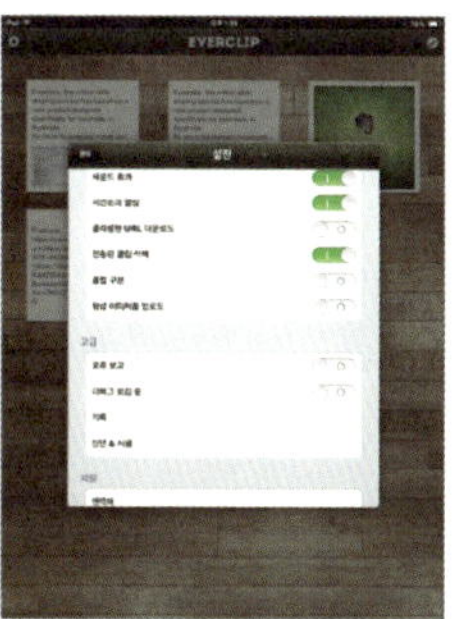

클리핑 노트 합치기

클리핑된 여러 콘텐츠를 하나의 노트로 재구성한 후 에버노트로 전송할 수 있습니다. 관련 있는 여러 클리핑 노트를 하나의 노트로 합치려면 [편집] 버튼 을 눌러 [편집 모드]로 전환합니다. 합치고 싶은 노트를 선택한 후 오른쪽 상단 [미리보기] 버튼 을 누릅니다.

미리보기 화면에서 각각의 클립들이 하나의 노트로 묶어진 것을 확인할 수 있습니다. 에버노트로 저장하기 위해 [에버노트로 보내기] 버튼 을 눌러 에버노트로 전송합니다.

TIP

복사한 그대로 이미지 저장하기

[항상 이미지를 업로드] 옵션을 켜면 복사한 그대로 이미지가 저장되어 클리핑됩니다. EverClip으로 클리핑하고 에버노트로 저장한 노트 중 이미지가 없거나 깨진 노트가 있다면 설정에서 [항상 이미지를 업로드] 항목을 켠 후 클리핑합니다. 해당 옵션을 켜면 항상 모든 이미지를 직접 에버노트로 저장하기 때문에 데이터 소모량은 증가하지만 웹페이지 링크가 깨지거나 웹서버가 이미지를 차단해도 이미지를 보관할 수 있습니다.

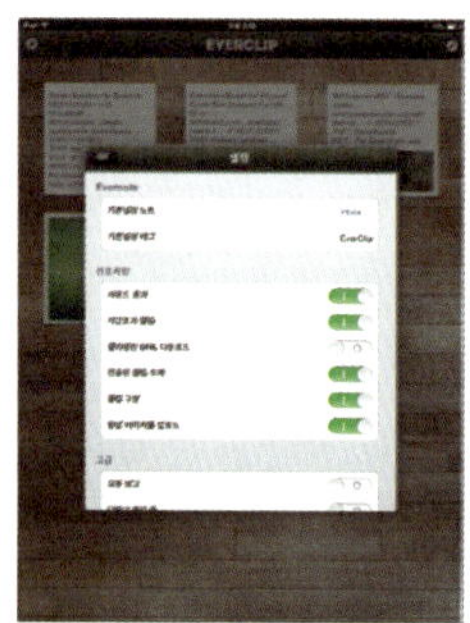

미리보기 화면에서 각각의 클립들이 하나의 노트로 묶어진 것을 확인할 수 있습니다. 에버노트로 저장하기 위해 [에버노트로 보내기] 버튼 을 눌러 에버노트로 전송합니다.

• 항상 이미지를 업로드 ON   • 항상 이미지를 업로드 OFF

[이런 작업도 가능해요!]

– 아이폰, 아이패드에 저장된 사진을 불러오거나 EverClip 애플리케이션에서 바로 사진을 촬영하여 저장할 수 있습니다.

– 클리핑한 URL 다운로드 옵션을 설정하면 클리핑한 텍스트 중 URL 주소가 포함될 경우 해당 URL에 접속한 화면을 자동으로 클리핑합니다.

IFTTT : if this then That – 반복적으로 컨텐츠를 저장할 때

IFTTT는 여러 웹 서비스들을 사용자가 설정해 놓은 조건에 따라 자동으로 수행하게 하는 강력한 도구입니다. 설명만 들으면 사용하기 어려울 것 같지만 미리 등록된 수많은 레시피 중에서 내게 필요한 레시피를 선택하고 언제 어떻게 작동할지만 안내에 따라 설정하면 IFTTT의 나머지는 알아서 작동합니다. IFTTT에 개설된 에버노트 관련 레시피를 이용해서 자동으로 에버노트에 저장하고 웹서비스와 콘텐츠를 동기화할 수 있습니다.

[지원 기기] iPhone, Web

[유료] iPhone은 무료

[다운로드] 웹사이트 https://ifttt.com/evernote

iPhone

[이런 경우 사용하세요!]

- 반복적으로 특정 서비스의 콘텐츠를 에버노트에 저장해야 할 때
- 자동화된 클리핑 환경을 구축하고 싶을 때

01 IFTTT를 이용하려면 새로운 계정을 생성해야 합니다. [Username], [Email], [Password]를 애플리케이션 안내에 따라 등록합니다. 이미 가입되어 있는 사용자라면 [Sign in]을 선택하고 로그인합니다.

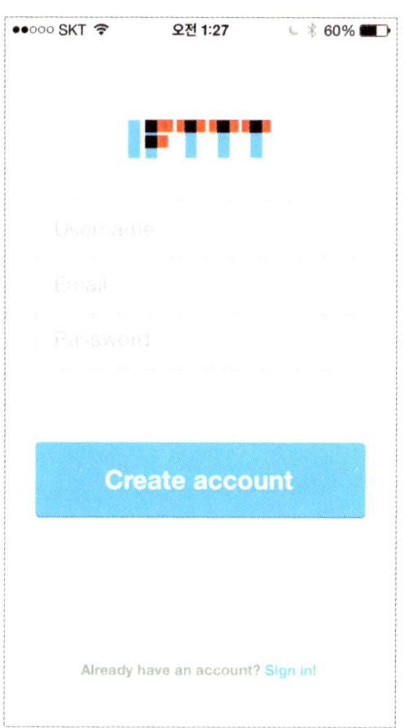

02 IFTTT의 기본적인 작동 방식은 사용자가 지정한 조건이 발생하면 미리 등록된 액션이 자동으로 실행되는 원리입니다. 실제 어떤 식으로 작동되는지 살펴보기 위해 새로운 레시피를 등록해보겠습니다. 레시피 아이콘 을 눌러 [Recipes]를 실행합니다.

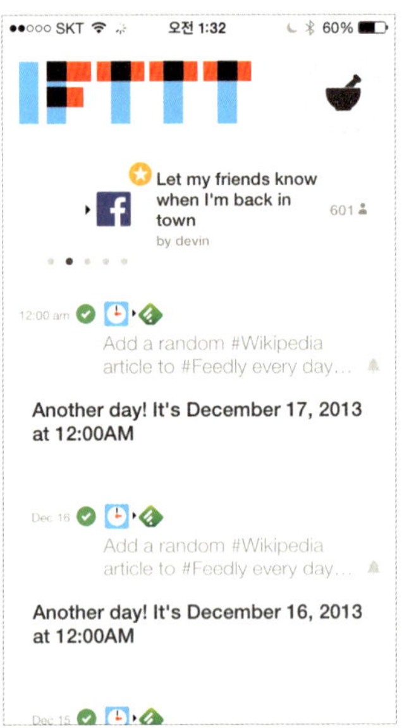

03 [Recipes] 메뉴는 기존에 실행 중인 [실행 중인 Recipe 목록], [Recipe 검색하기], [Recipe 새로 추가하기]로 구성되어 있습니다. 레시피를 추가하기 위해 버튼을 누릅니다.

04 [Create a Recipe] 메뉴에서 + 버튼을 눌러 조건을 설정합니다. 여기서는 특정 지역에 가거나 다시 떠날 때 에버노트에 자동으로 위치 기록이 남도록 설정해 보겠습니다.

05 [iOS Location]에서 [You Enter or exit an area]를 선택합니다.

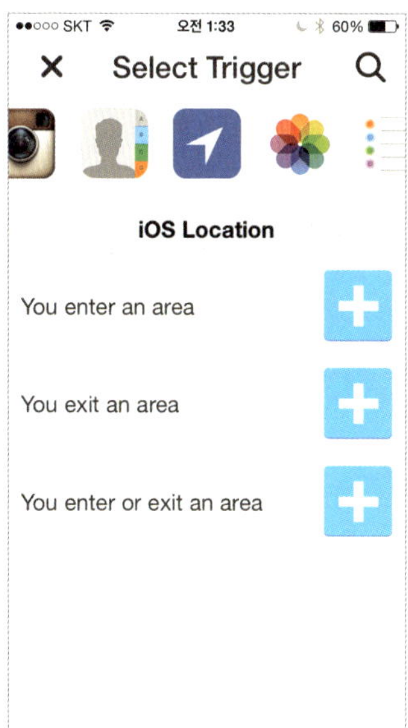

06　위치 기록을 원하는 대상 지역을 검색창에 검색하거나 지도의 하늘색 원 안에
범위를 지정한 후 화면 아래쪽 [Continue] 버튼을 누릅니다.

07　이제 [Action]을 지정할 차례입니다. 빨간색 ➕ 버튼을 눌러 액션을 지정합
니다.

08 에버노트에 위치 기록을 남겨야 하기 때문에 에버노트 채널을 선택합니다. 새로운 위치를 기록할 때마다 노트가 만들어지면 노트북이 지저분해질 것입니다. 하나의 노트에 위치 기록을 연속적으로 기록하기 위해 [Append to note]를 선택하고 빨간색 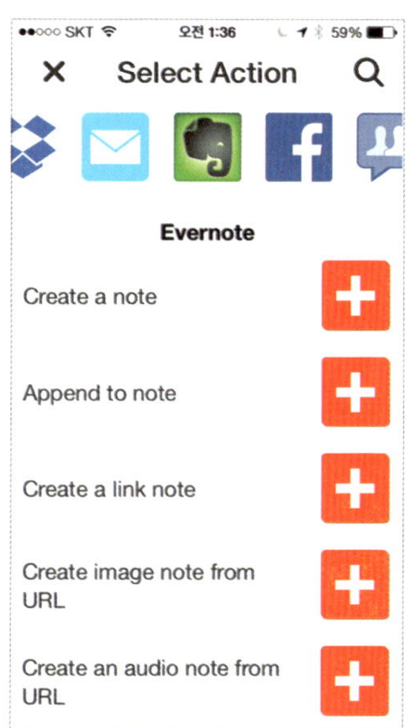 버튼을 누릅니다.

09 이제 모든 설정이 완료되었습니다. 새롭게 만든 레시피가 작동할 때마다 애플리케이션 알림을 원한다면 [Recive notifications when this Recipe runs]를 활성화합니다. 레시피 저장을 위해 [Finish] 버튼을 누릅니다.

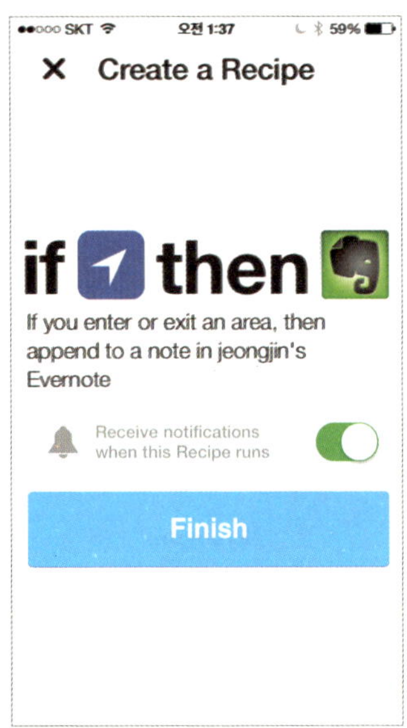

10 [Recipes] 메뉴에 새롭게 만든 레시피가 추가된 것을 확인할 수 있습니다. 레시피를 수정하거나 삭제하려면 목록에서 해당 레시피를 한 번 눌러 [Personal Recipe]로 이동합니다.

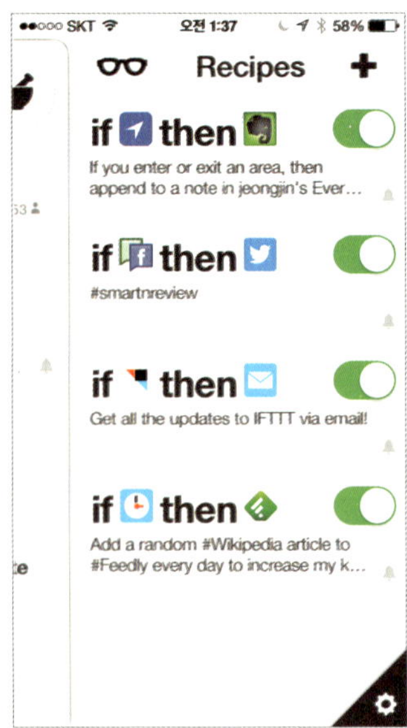

11 [Personal Recipe] 메뉴에서는 레시피가 정상적으로 작동하는지 확인하거나 수정, 공유, 삭제할 수 있습니다.

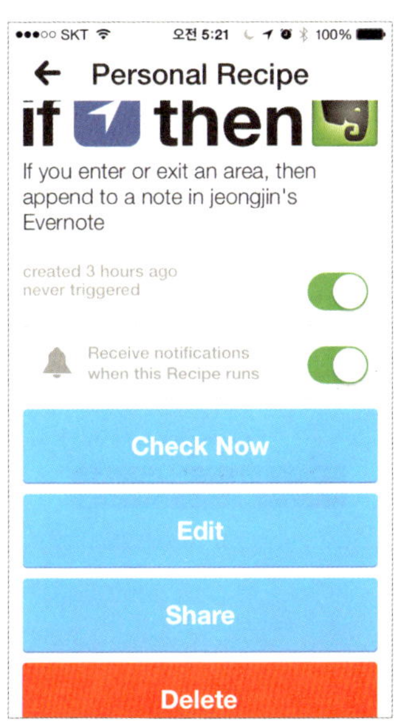

> **TIP**
>
> 'Get all the Updates to IFTTT Via Email!' 레시피를 이용하면 새롭게 업데이트된 IFTTT 레시피 정보를 쉽게 확인할 수 있습니다. [Recipes] 메뉴에서 [Browse] 버튼 ◥◤을 눌러 레시피 검색을 실행합니다.
>
> 
>
>

[Search] 항목을 누른 후 'Get all the Updates to IFTTT Via Email!'을 찾아 [Use Recipe]를 누릅니다. 새롭게 업데이트된 IFTTT 레시피가 있다면 미리 등록된 이메일로 자동으로 알립니다.

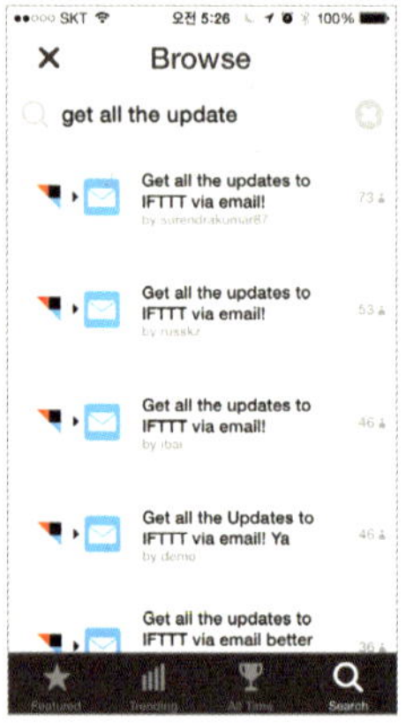

[이런 작업도 가능해요!]

76개 웹서비스에서 제공하는 다양한 콘텐츠의 상태 변화에 따라 수많은 액션을 자동으로 실행할 수 있습니다. 예를 들어 '눈이 오면 메일로 알리기' 등 생활 정보 구독이나 한 번의 포스팅으로 다수의 SNS 서비스에 동시에 등록할 수 있습니다.

Chapter 03

Dolphin Browser(Android) – 웹 컨텐츠의 편리한 클리핑

스마트폰에 기본 탑재된 모바일 웹 브라우저는 기기에 최적화되어 있지만 다양한 기능 지원 부분에서 아쉬운 부분이 많습니다. 특히 웹 콘텐츠의 클리핑이 많은 에버노트와의 연동성 부분에서 확장성 부족으로 클리핑 시 불편을 겪기도 합니다. Dolphin Browser는 Add-on 기능을 통해 에버노트와의 연동 외에도 페이스북, 트위터 같은 다양한 웹서비스와의 연계 기능을 강화할 수 있습니다. 또 모바일 브라우저를 선택하는 데 가장 중요한 부분인 빠르고 가벼워야 한다는 부분도 만족시키는 웹브라우저입니다.

[지원 기기] iPhone, iPad, Android

[무료] 일부 기능 유료 제공

[다운로드]

Android	iPhone	iPad

[이런 경우 사용하세요!]

- 웹 콘텐츠를 필요할 때마다 클리핑하고 싶을 때
- 웹 콘텐츠를 소셜 네트워크 서비스(SNS)에 등록하는 일이 많을 때
- 빠르고 가벼운 브라우저를 사용하고자 할 때

01   Dolphin Browser 초기 화면의 상단 부분은 북마크, 주소창, 구글 검색창, Speed Dial로 구성되어 있고 아래쪽에는 툴 바가 위치해 있습니다.

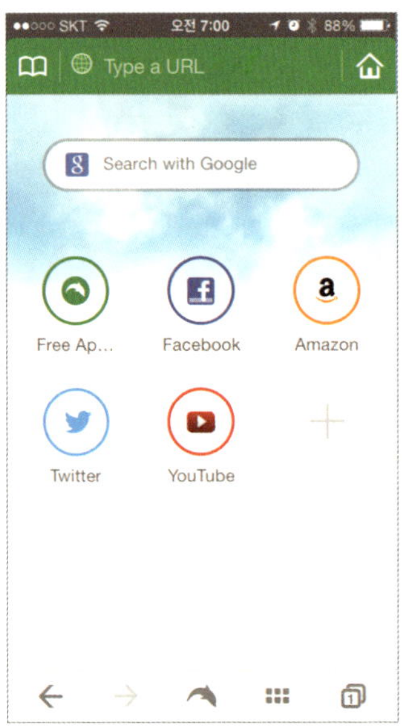

02   북마크 버튼 을 누르면 자주 가는 사이트를 등록하거나 방문 기록을 통해 빠르게 원하는 사이트에 접속할 수 있도록 사이트 목록이 표시됩니다.

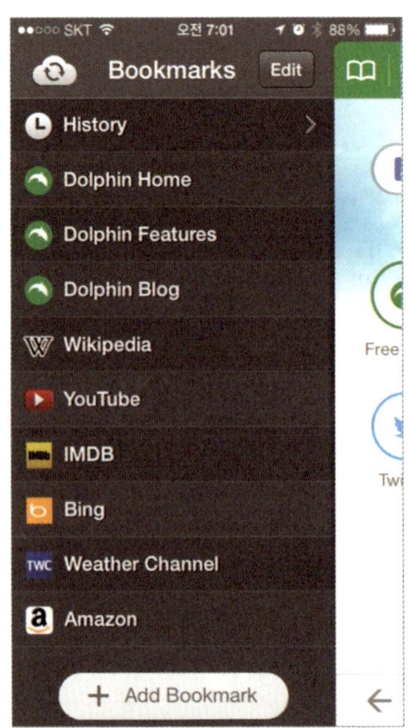

03 홈 화면에서 왼쪽으로 슬라이드하면 현재 열려 있는 Tap 창의 목록이 나타납니다. 새로운 탭을 추가하거나 열려 있는 다른 탭으로 이동할 수 있습니다. 화면 전환 없이 여러 탭을 자유롭게 이동할 수 있습니다.

04 에버노트에 웹페이지를 저장하려면 아래쪽 툴 바에서 [더보기] 버튼 을 누른 후 확장 메뉴에서 페이지를 공유하기 위해 [공유] 버튼 을 한 번 더 누릅니다.

05 Dolphin Browser는 에버노트, 페이스북, 트위터, Box, 이메일을 통한 공유 기능을 지원하고 있습니다. 에버노트로 웹페이지를 저장하기 위해 에버노트를 선택하고 로그인 [Connect with Evernote]을 통해 계정을 연결합니다.

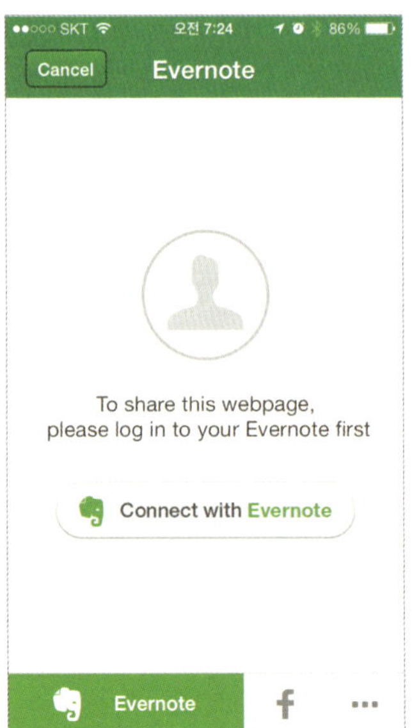

06 계정 연결이 완료되면 실제 에버노트에서 새 노트를 작성하는 것처럼 제목과 노트북, 태그, 코멘트를 입력할 수 있는 화면이 나타납니다. 각 항목을 알맞게 입력한 후 [Save] 버튼을 눌러 에버노트로 전송합니다.

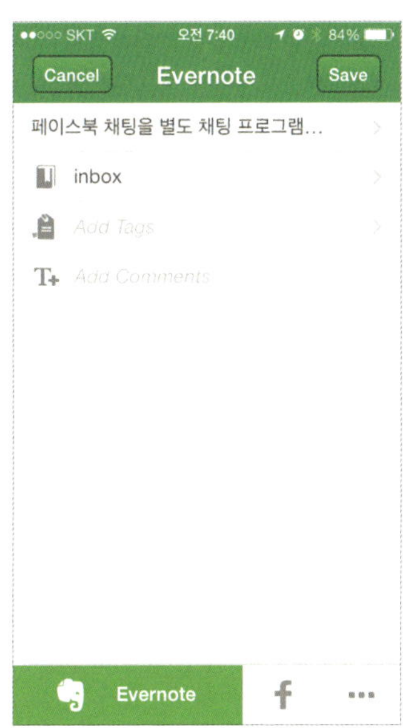

07 에버노트로 이동해서 클리핑된 내용을 확인하면 페이지 전체가 보이는 그대로 저장된 것을 확인할 수 있습니다.

제스처 기능 사용하기

자주 가는 사이트를 제스처(gesture)로 등록하면 빠르게 사이트에 접속할 수 있습니다. 툴 바에서 [돌고래] 버튼 을 누르면 제스처 기능을 실행할 수 있습니다. 예를 들어 손가락으로 'G' 모양을 그리면 구글 사이트로 이동하며 'N' 자를 그리면 새로운 탭이 실행됩니다. 모든 제스처는 [설정] 버튼 을 눌러 사용자 임의로 수정할 수 있습니다. 자주 쓰는 기능은 제스처 기능으로 빠르게 실행할 수 있습니다.

QR 코드 활용하기

주소창에서 QR 코드 스캔 기능을 이용해서 주소 입력 없이도 웹사이트에 접속할 수 있습니다. Dolphine Browser는 기본 기능으로 바코드 읽기를 지원합니다. 주소 입력 화면에서 [QR코드 스캔] 버튼 을 누르면 QR 코드로 된 바코드를 읽을 수 있습니다. 키보드로 직접 주소를 입력할 필요 없이 빠르게 웹사이트에 접속할 수 있습니다.

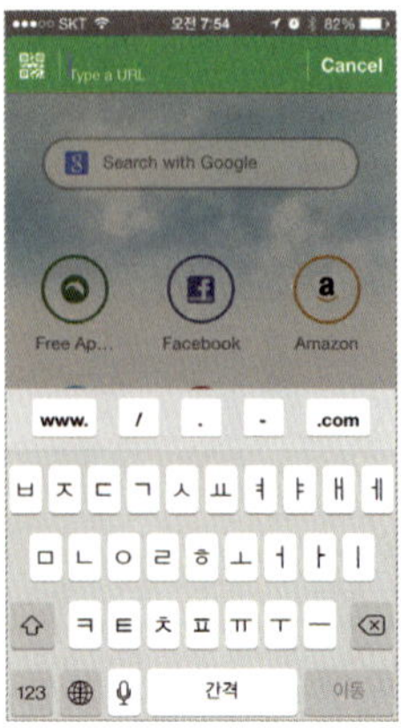

[이런 작업도 가능해요!]

- [Wi-Fi broadcast] 기능으로 무선 랜을 통해 주변의 친구들과 웹페이지를 공유할 수 있습니다.
- [Desktop Mode]를 이용하면 PC에서 보는 화면 그대로 웹서핑이 가능합니다.
- 페이스북, 구글 계정을 Dolphin과 연결하면 여러 기기에서 동일한 웹서핑 환경을 이용할 수 있습니다.
- 안드로이드용 Dolphine Browser는 Add-on 추가 기능을 제공합니다. 다양한 웹브라우저 확장 기능을 설치해서 성능을 향상시키거나 편의 기능을 추가할 수 있습니다.

관련앱

| One Browser |

One Browser는 빠르고 스마트한 안드로이드용 모바일 브라우저입니다. 웹페이지, 이미지, 텍스트를 한 번의 클릭으로 에버노트에 저장할 수 있습니다. 그 외에도 웹 주소 자동 완성, 강화된 북마크 기능, 사생활 보호 모드, 다운로드 매니저, 공유, 야간 모드 테마 등 다양한 기능과 확장성으로 편리하게 웹 서핑을 즐길 수 있습니다.

Chapter

04

Office Suite Pro – 모바일용 오피스 구축

Office Suite Pro를 활용하면 모바일에서도 마이크로소프트의 워드, 엑셀, 파워포인트 파일을 단순히 볼 수 있을 뿐만 아니라 새로 문서를 만들고 편집할 수 있습니다. 또 웹 클라우드 서비스인 구글 드라이브, Sky Drive, SugarSync, Box를 통해 편집한 파일을 저장하고 관리할 수 있습니다.

[지원 기기] Android

[유료] Android 14.99$ (7일 평가판 제공) / iPhone, iPad 0.99$

[다운로드]

Android

iPhone / iPad

[이런 경우 사용하세요!]

- 모바일에서 오피스 관련 문서를 자주 읽어야 할 때
- 데스크톱과 동일한 문서 작성 환경을 모바일에 구축하고 싶을 때
- 여러 애플리케이션 설치 없이 하나로 오피스, PDF 뷰어를 통합 관리 및 사용하고자 할 때

01　Office suite Pro는 워드, 파워포인트, 엑셀, PDF 등 업무 환경에서 가장 많이 사용하는 문서 포맷을 대부분 지원합니다. 샘플로 저장된 워드 문서를 열어 에버노트와 어떻게 연동되는지 알아보겠습니다.

02　홈 화면에서 화면을 오른쪽으로 슬라이드합니다. Office Suite Pro의 메뉴 리스트가 나타나면 최근 파일 메뉴를 누릅니다. 샘플 파일로 등록되어 있는 Docx 확장자의 워드 파일을 열어보겠습니다.

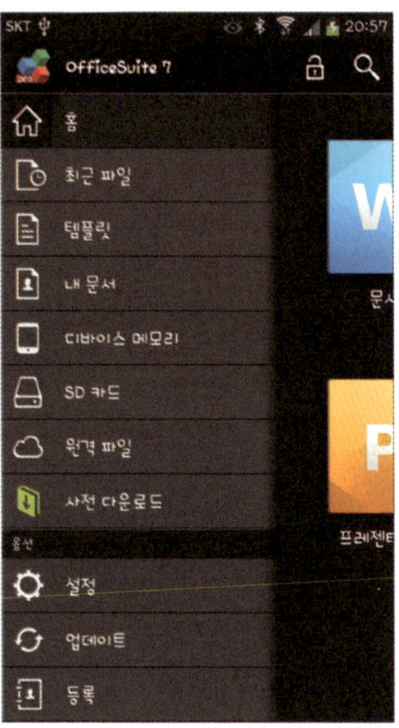

03 문서 내에 포함된 아무 단어나 길게 누르거나 두 번 연속 두드리면 화면에 팝
업창이 나타납니다. 기본적인 잘라내기, 복사하기, 붙여넣기뿐만 아니라 사전 찾
기, 웹에서 찾기, 에버노트에서 검색하기 기능을 지원합니다.

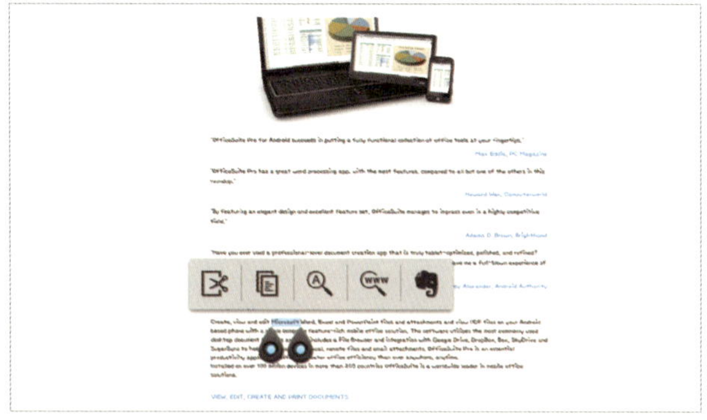

04　에버노트 아이콘을 누르면 자동으로 에버노트 애플리케이션으로 전환되어 해당 단어가 포함된 노트 내 결과물이 화면에 나타납니다. 모바일 기기에서는 주로 새로운 문서를 작성하기보다는 기존 문서를 읽는 기능을 주로 사용하기 때문에 문서에서 관련된 정보를 찾는 데 유용하게 사용할 수 있습니다.

TIP

PDF 위에 메모 남기기

PDF 문서에서 [설명] 기능을 이용하면 PDF 문서에 메모 & 노트 작성이 가능합니다. PDF 문서를 단순히 보는 것뿐만 아니라 메모, 밑줄 긋기, 필기를 통해서 문서에 주석을 남기거나 메모를 할 수 있습니다. PDF 문서를 실행한 후 [메뉴] 버튼을 눌러 [설명] 항목을 실행합니다. [스티커메모], [강조 표시], [자유형식 그리기] 등 총 3가지 방식으로 문서 위에 작성할 수 있습니다.

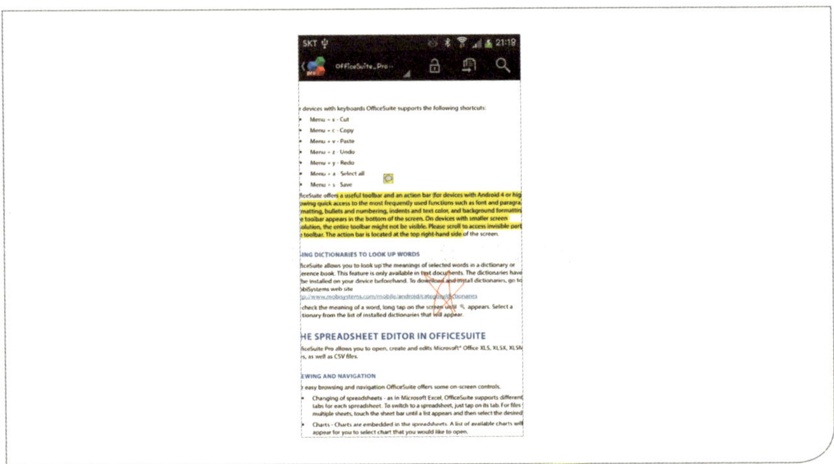

[이런 작업도 가능해요!]

- 사전을 통해 문서에 포함된 각 단어의 정의를 확인할 수 있습니다. 제작사 웹사이트를 통해 각 언어에 맞는 사전을 추가하고 설치할 수 있습니다.
- 구글 클라우드 프린트 기능으로 스마트폰에서 문서를 출력할 수 있습니다.
- 구글 Drive, Dropbox, box, sugarsync, SkyDrive와 같은 클라우드 서비스와 연결하여 문서를 저장하고 불러올 수 있습니다.
- epub 전자책 문서, 그림 파일도 통합관리가 가능합니다(단, 연동되는 추가 애플리케이션 설치가 필요합니다).

ZeroPC Cloud Navigator – 파일 공유

ZeroPC는 에버노트에 차곡차곡 저장되어 있는 수많은 콘텐츠들로부터 원하는 내용을 쉽게 찾을 수 있도록 도와주는 강력한 검색 툴입니다. 또 에버노트뿐만 아니라 드롭박스(DropBox), 페이스북(Facebook), 플리커(Flicker), 구글 드라이브(Google Drive), 인스타그램(Instagram), 피카사(Picasa), 스카이 드라이브(Sky Drive) 등 대부분의 웹서비스의 콘텐츠를 통합으로 관리 및 검색할 수 있습니다.

[지원 기기] iPhone, iPad, Android

[무료]

[다운로드]

iPhone / iPad

Android

[이런 경우 사용하세요!]

- 하나 이상의 클라우드나 SNS 서비스를 사용하고 있을 때
- 각각의 서비스마다 전용 애플리케이션을 설치하는 게 불편할 때
- 한 곳에서 여러 서비스의 콘텐츠를 통합해서 관리하고 싶을 때

01 ZeroPC를 사용하려면 등록된 계정이 필요합니다. [Sign Up] 메뉴를 이용해서 안내에 따라 계정을 등록합니다(웹사이트를 통해 등록할 경우 페이스북, 구글, 트위터 계정을 이용해서 빠르게 계정을 만들 수 있습니다).

02 ZeroPC Cloud Navigator의 가장 핵심적인 기능은 한 곳에서 여러 서비스에 등록된 콘텐츠를 통합해서 관리하는 것입니다. 여러 애플리케이션을 설치할 필요 없이 한 곳에서 관리할 수 있기 때문에 배터리 소모도 줄일 수 있습니다. 각 계정을 연결하기 위해 계정을 등록합니다.

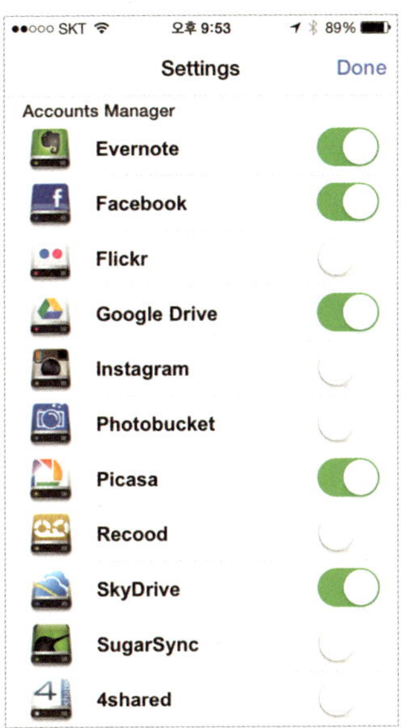

03　각 서비스들의 계정이 연결되면 사진, 동영상, 파일 등 각 콘텐츠에 맞는 파일들이 한 화면에 자동으로 정리됩니다. 메뉴 버튼 ☰을 누르면 검색, My Cloud, My Files, My Collection, Shared 등 ZeroPC의 핵심 기능을 이용할 수 있습니다.

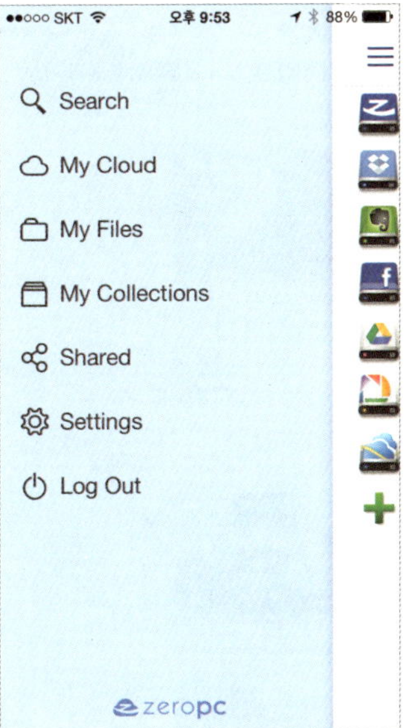

04 My Cloud 항목에서 [Evernote]를 선택하면 에버노트의 각 노트북에 폴더별로 접근할 수 있습니다.

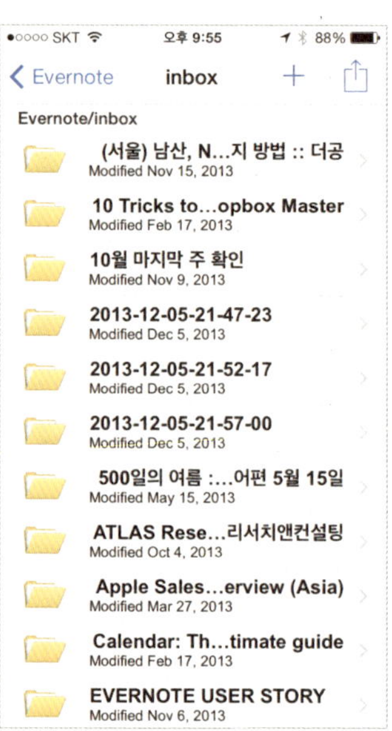

05 각 노트를 클릭하면 노트에 포함된 이미지, 동영상, PDF 파일 등 각각의 파일에 접근할 수 있고 또 에버노트를 실행하지 않고도 노트를 확인할 수 있습니다.

06 노트 화면에서 ＋ 버튼을 눌러 새롭게 촬영한 이미지나 사진 폴더에서 이미지를 불러와 추가할 수 있습니다. 추가한 이미지의 업로드 상태는 [Open Upload Status] 메뉴에서 확인할 수 있습니다.

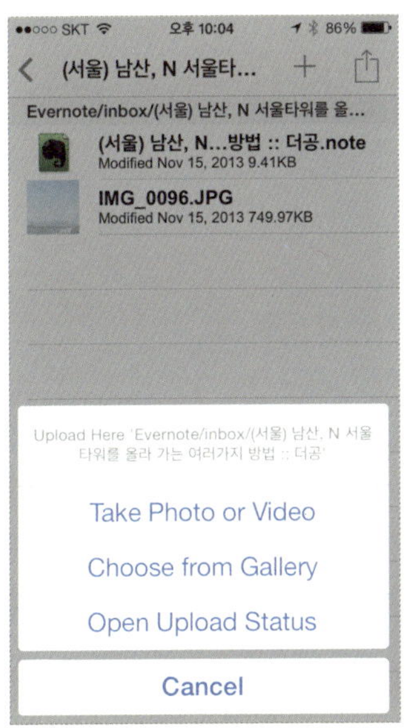

> ## TIP
>
> ### 주제별로 정리하기
>
> 각 클라우드 서비스의 파일이나 문서, 에버노트의 노트, 노트북을 [My Collection]에 주제별로 정리합니다. ZeroPC를 이용하다가 따로 모아놓고 싶거나 정리하고 싶은 콘텐츠가 있다면 버튼을 누른 후 [Add to My Collection]에 주제별로 등록합니다. [My Collections] 메뉴를 통해 주제별로 따로 모아볼 수 있습니다.
>
> 
>
>

[이런 작업도 가능해요!]

- 검색 기능을 통해 등록된 모든 서비스의 콘텐츠를 통합 검색할 수 있습니다.
- ZeroPC를 통해 공유된 항목을 별도로 관리할 수 있습니다.

Chapter 06

Gneo – 캘린더 기반 노트

Gneo는 할 일(To-do) 관리를 원하는 사용자를 위한 애플리케이션입니다. 아이폰과 아이패드에서 할 일이나 목표를 등록하고 중요도와 긴급한 정도에 따라 페이지를 4개의 분면으로 나눠 직관적으로 관리할 수 있습니다. 등록된 할 일은 에버노트와 완벽하게 연동되면 iOS의 미리 알림에 등록할 수 있습니다. 스와이프 UI를 적용해 학습과정 없이도 빠르게 사용 방법을 익힐 수 있습니다.

[이런 경우 사용하세요!]

- 에버노트와 연동되는 할 일 관리 애플리케이션을 원할 때
- 복잡한 일정 관리 애플리케이션 사용 방법 때문에 사용하지 않았던 사용자
- iOS의 캘린더, 에버노트 알림 등 애플리케이션과 매끄러운 연동 기능이 필요할 때

01 Gneo를 사용하려면 설치한 후 새로운 계정을 생성해야 합니다. 이메일과 비밀번호를 등록한 후 이메일로 발송되는 계정 확인 메일의 링크를 눌러주면 계정 생성이 완료됩니다.

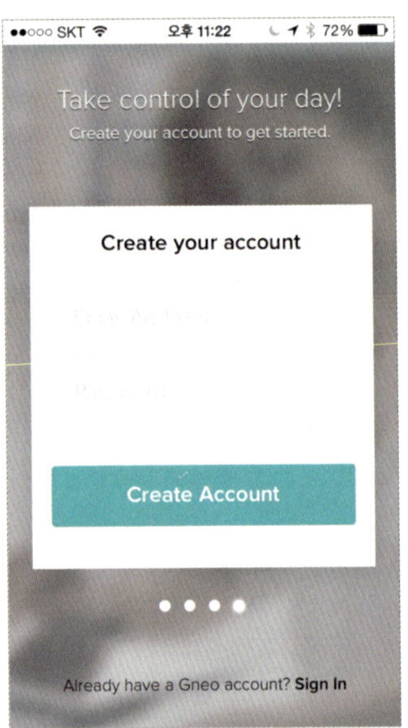

02 Gneo의 기본적인 사용 방법은 좌우로 스와이프하는 제스처를 통해 쉽게 익힐 수 있습니다. 각 항목을 오른쪽으로 스와이프하면 스와이프하는 정도에 따라 [Follow Up]을 1일, 2일, 5일순으로 확인할 일자를 등록할 수 있습니다. 또 끝까지 스와이프하면 삭제됩니다.

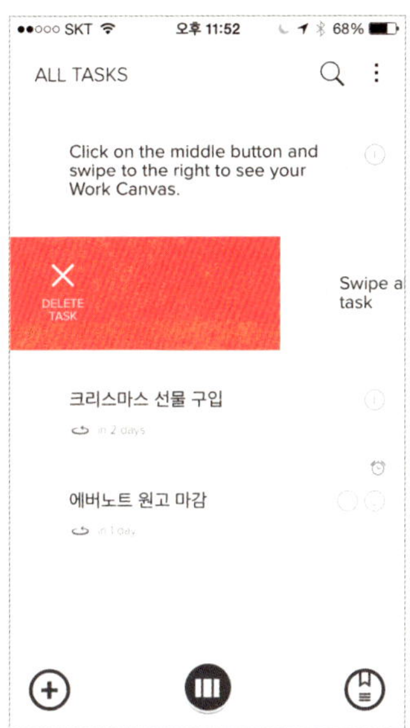

03 반대로 왼쪽으로 스와이프하면 각 항목을 자세히 보기 기능이 실행됩니다. 또 끝까지 왼쪽으로 스와이프하면 편집 기능이 실행됩니다.

04 미리 등록된 할 일 중 하나를 선택한 후 왼쪽으로 스와이프해서 상세 내용 보기를 실행합니다. 상세 보기에서는 할 일의 중요성, 긴급성, 미리 알림, 마감일, 상세 노트 내용을 확인하고 더보기 버튼을 눌러 공유할 수 있습니다. 상세 내용 확인은 [Edit] 버튼을 누릅니다.

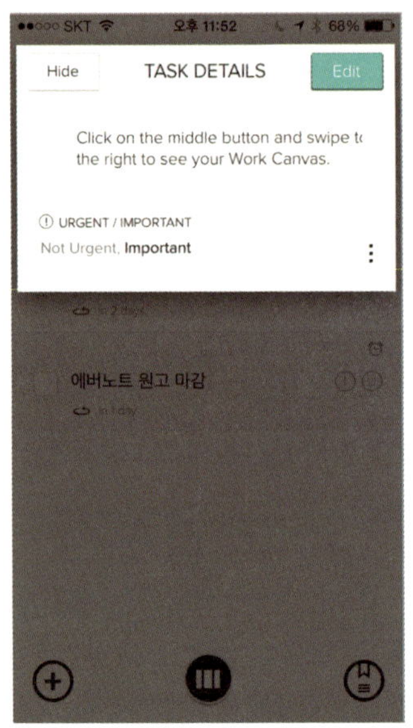

05 편집 모드에서는 할 일과 관련된 중요도, 긴급성, 노트북, 태그, 노트 내용, 미리 알림, 파일 첨부, 위치, 마감일 등 모든 내용을 수정할 수 있습니다.

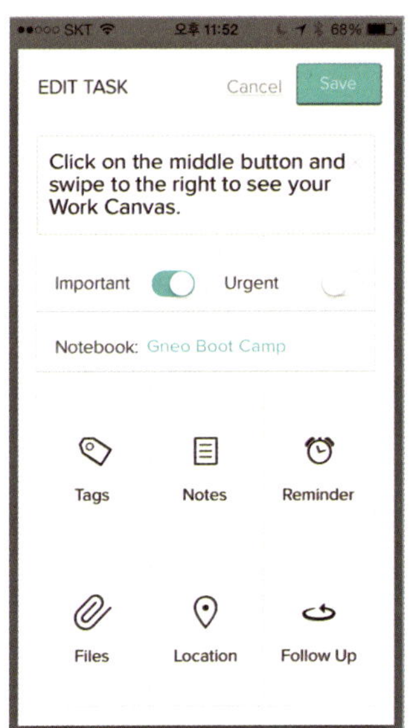

06 설정 기능은 ⏸ 가운데 버튼을 누르면 나타나는 상태 설정 항목에서 이용할 수 있습니다. 설정에서는 에버노트와 Gneo 계정을 연결하고 기본 캘린더의 동기화 항목을 편집할 수 있습니다.

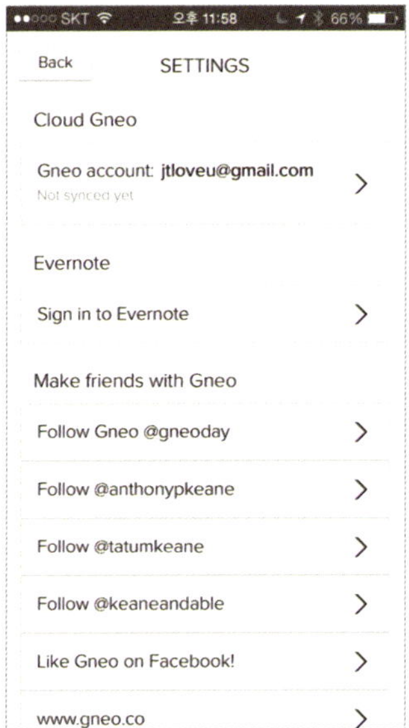

삭제한 항목 되살리기

아이폰, 아이패드를 흔들면 삭제한 항목을 되돌릴 수 있습니다. 잘못 삭제한 항목이 있다면 아이폰이나
아이패드를 좌우로 몇 번 흔들어 자동으로 방금 삭제한 항목을 복구할 수 있습니다.

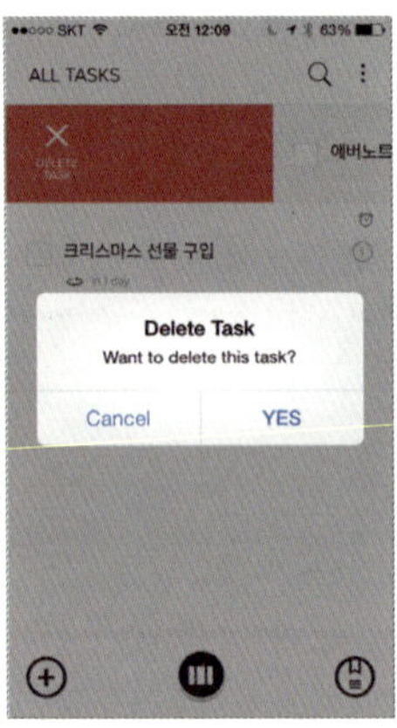

[이런 작업도 가능해요!]

- [Map] 기능을 이용하면 위치에 기반한 일정 및 할 일을 지도를 통해 확인할 수 있습니다.
- [Goals]에 목표를 등록하여 관리할 수 있습니다.
- 스마트 노트북 기능을 이용하여 빠르게 노트북을 추가하거나 노트북별로 필터링한 목록을 이용할 수 있습니다.
- [캘린더] 일정과 연결된 새로운 할 일을 등록하고 에버노트 알림에 추가할 수 있습니다.
- 할 일의 중요도, 긴급성에 따라 4개의 면으로 구분하여 어떤 일이 중요하고 빨리 해야 하는지 직관적으로 확
  인할 수 있습니다.

Chapter 07

Ever Clipper –
사진을 에버노트로 보내기

Ever Clipper는 이미지 관련 콘텐츠를 에버노트에 쉽게 클리핑할 수 있도록 도와주는 애플리케이션입니다. 아이폰에서 사진을 원하는 크기로 자르고, 회전하고, 사이즈를 줄인 후 에버노트에 바로 저장하고 싶다면 Ever Clipper를 이용합니다.

[지원 기기] iPhone

[무료] 무료 버전은 상단 광고 노출, Plus 버전 $0.99(광고 없음)

[다운로드]

iPhone

[이런 경우 사용하세요!]

· 사진을 촬영하거나 불러와 이미지가 포함된 노트 기록이 많을 때
· 이미지 크기를 줄이거나 회전, 자르기 등 이미지 편집 기능이 필요할 때

01 Ever Cliiper는 유료 버전과 기능은 동일하지만 화면 상단에 광고가 노출되는 무료 버전을 선택할 수 있습니다. 일부 편집 화면에서 일시적으로 광고가 사라지지만 항상 광고가 상단 부분에 노출되어 작업 화면 일부를 가리기 때문에 깔끔한 화면을 원하는 분들은 유료 버전을 구매하는 것을 추천합니다.

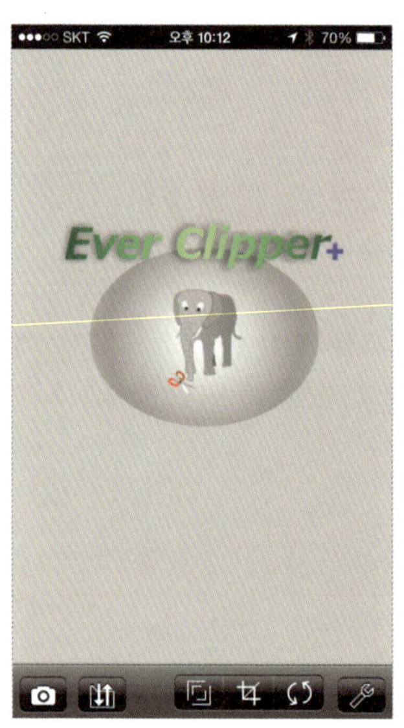

• 유료버전

• 무료버전

02 Ever Clipper를 실행하면 에버노트와 계정을 연결할 수 있는 설정 화면이 나타납니다. [Sign in]을 눌러 에버노트와의 연결을 완료합니다.

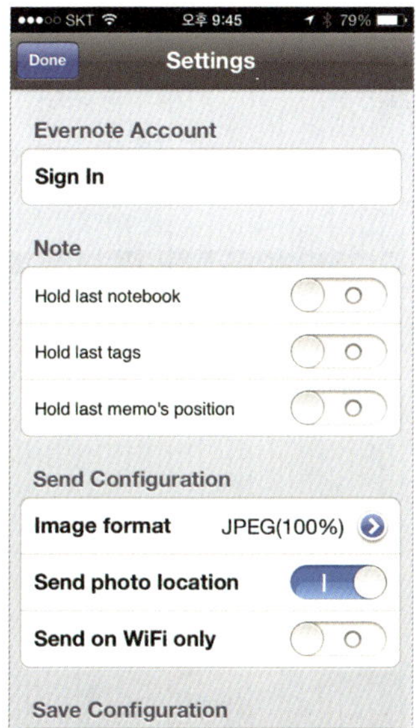

03 Ever Clipper는 사진을 촬영하거나 촬영된 이미지를 불러와 노트를 작성할 수 있습니다. 이미지를 편집한 후 에버노트에 등록하기 위해 툴 바에서 [저장 or 불러오기] 버튼 을 눌러 팝업 메뉴에서 [Load from Photo Album]을 선택합니다.

04 사진 목록에서 에버노트로 전송할 노트를 선택한 후 이미지의 크기를 줄이기 위해 [사이즈 조절] 버튼 을 누릅니다. 미리 등록된 비율로 사진 크기를 줄이거나 [Custom] 기능을 이용해서 원하는 크기로 사진을 줄일 수도 있습니다.

05 만약 편집한 이미지가 마음에 들지 않을 경우 [저장 & 불러오기] 버튼 을 누른 후 팝업 메뉴에서 [Reload] 항목을 선택합니다. 편집되기 전 사진으로 복원됩니다.

06 [자르기], [회전] 기능도 같은 방법으로 편집이 가능합니다. [자르기] 버튼 을 누른 후 미리 설정된 비율을 선택하거나 직접 원하는 크기대로 원하는 부분을 자를 수 있습니다. 사진의 각도 변경은 [회전] 버튼 을 눌러 이용할 수 있습니다.

자르는 비율을 등록해서 사용하기

자주 사용하는 이미지 크기나 자르기 비율을 등록할 수 있습니다. [자르기], [사이즈 조절] 기능을 실행하면 미리 설정된 비율이나 해상도 목록이 상단에 나타납니다.

목록의 가장 오른쪽 [Custom] 버튼을 누른 후 [+] 버튼을 눌러 사용자가 자주 사용하는 비율을 미리 지정합니다. 사진 편집을 원하는 크기나 비율로 더 빠르게 편집할 수 있습니다.
또 기존 설정된 목록에서 필요 없는 비율을 해제할 수도 있습니다.

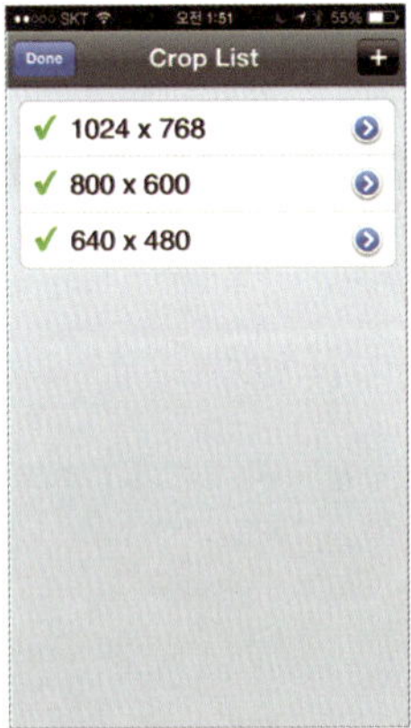

> **TIP**
>
> ## 회전 가이드 켜기
>
> 그리드 라인을 설정하면 더 정확하고 쉽게 이미지를 회전할 수 있습니다. 사진을 회전시킬 때 어느 정도 회전시켜야 할지 결정하기 힘들다면 설정에서 [Show Gridlines for straightening] 항목을 활성화합니다. 사진 회전 시 격자가 나타나 사진의 구도나 지평선을 맞추는 데 도움이 됩니다.
>
> 
>

[이런 작업도 가능해요!]

– 편집된 이미지를 이메일을 통해 보낼 수 있고 자주 보내는 이메일 주소를 설정에서 등록한 후 빠르게 전송이 가능합니다.

– PNG, JPG 두 가지 사진 저장 포맷을 이용할 수 있습니다. PNG 포맷으로 설정하면 투명화된 레이어 기능을 이용할 수 있고, JPG 포맷을 이용하면 이미지의 품질을 조정하여 파일의 크기를 줄이거나 사진 메타 데이터를 함께 저장할 수 있습니다.

Chapter

08

Evernote Sticky Note –
바탕화면의 메모를 에버노트와 연동

Evernote Stick Note는 윈도우 바탕화면에서 작성한 메모를 에버노트와 연동시켜주는 애플리케이션입니다. 간단한 메모를 위해 에버노트를 실행할 필요 없이 바탕화면 위에 있는 포스트잇 모양의 메모지에 기록하면 주기적으로 에버노트와 동기화됩니다.

[지원 기기] Windows

[무료]

[다운로드] 윈도우 PC에서 다운로드하세요
http://bamboodock.wacom.com/

[이런 경우 사용하세요!]

- 애플리케이션 실행 없이 빠르게 메모를 기록하고 싶을 때
- 짧은 분량의 메모를 자주 사용할 때
- 작성한 메모를 자주 확인해야 할 때

01   Evernote Sticky Note는 제조사 웹사이트 http://hosting.edo-soft. com/stickynotes/를 통해 다운받아 무료로 설치할 수 있습니다. 웹사이트에서 [Download Setup]를 눌러 설치를 진행합니다.

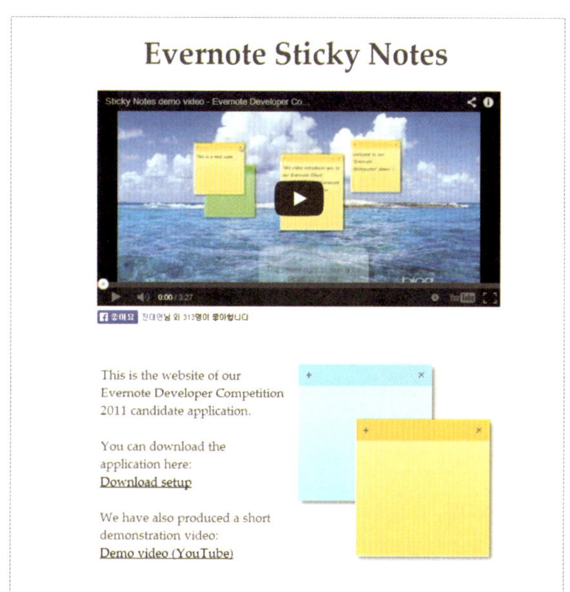

02   설치가 완료되면 에버노트와 Sticky Notes를 연결해야 합니다. [에버노트 계정연결 링크 생성], [에버노트 계정 연결 및 코드 생성], [코드 입력] 등 총 3 단계의 설정 과정이 필요합니다. 연결 대상을 에버노트로 선택하고 1번 항목의 링크를 눌러 에버노트 연결 링크를 생성합니다.

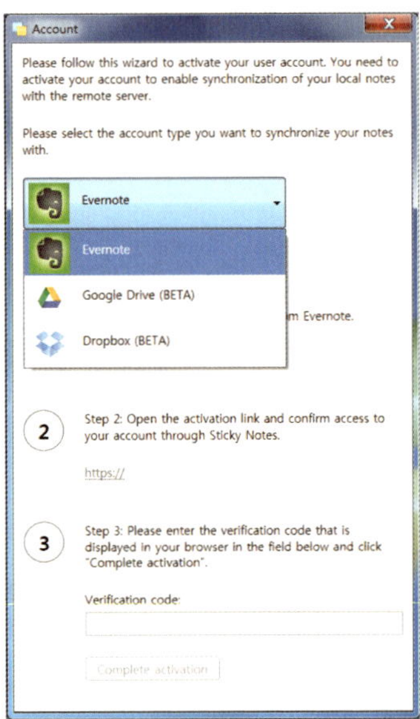

03 1번 과정이 완료되면 2번째 항목에 웹 링크가 생성됩니다. 해당 링크를 눌러 에버노트에 로그인합니다.

04 에버노트와 연결이 완료되면 새로운 코드가 발급됩니다. 해당 코드를 복사한 후 복사한 코드를 3번 항목에 입력하면 에버노트와 Sticky Notes의 연결이 완료됩니다.

Evernote account
authentification

Please enter the following verification code into the Evernote Sticky
Notes application:

501AF0B41FA615FF6EA29C9F3CE7839D

05 포스트잇 모양의 메모장은 총 6가지의 색상으로, 선택하여 만들기가 가능합니다. 또 메모장의 크기는 사용자가 원하는 크기나 비율로 늘릴 수 있고 각 메모장마다 에버노트에 한 개의 노트가 생성됩니다.

06 설정 기능을 통해 동기화(Synchroization) 주기를 수동, 10분, 30분, 한 시간, 두 시간 등으로 변경할 수 있고 연결 계정이나 폰트도 변경할 수 있습니다. 한글 폰트의 경우 폰트명이 영문으로 표시되어 있습니다. 예로 윈도우에 내장되어 있는 기본 한글 폰트인 '맑은 고딕'의 경우 'Magun Gothic'을 찾아 변경하면 사용할 수 있습니다. 또 한 개 이상의 모니터를 사용할 경우 메모를 표시할 메인 모니터를 선택할 수 있습니다.

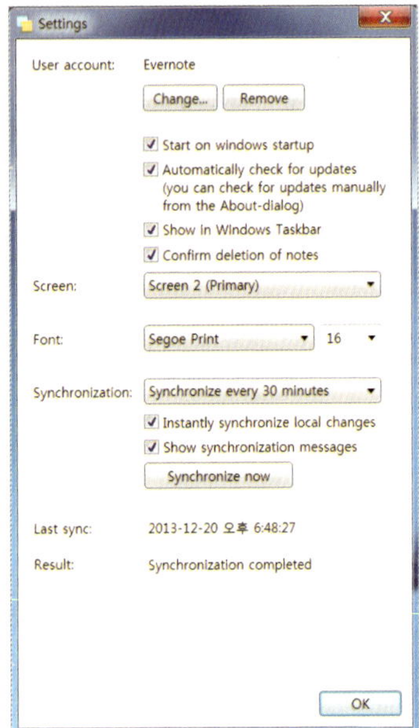

[이런 작업도 가능해요!]

– 에버노트 외에 Dropbox, Google Drive를 이용한 노트 백업과 동기화가 가능합니다.

– 에버노트와 연동되어 다른 PC에서도 동일한 메모 작성 환경을 유지할 수 있습니다. 단, 각 메모지의 형태는
다른 PC에서 동일하게 유지되지 않아 수동으로 설정해야 합니다.

Chapter 09

ActiveWords –
에버노트 연동 할 일 관리 앱

에버노트를 위한 ActiveWords는 윈도우에서 에버노트의 모든 기능을 단축 명령어로 빠르게 이용할 수 있도록 도와주는 Add–in입니다. 예를 들어 Search Evernote를 'sen'을 할당하고 저장하면, 윈도우의 바탕화면이나 어떤 애플리케이션을 실행 중이더라도 'sen'을 입력하면 에버노트를 검색할 수 있는 창이 나타나 빠르게 에버노트의 모든 기능을 활용할 수 있습니다.

[지원 기기] Windows

[무료] 무료 버전(Add-in 설치 불가), Plus 버전(49.9$-60일 평가판 제공)

[다운로드] 에버노트 앱센터(Appcenter)에서 'ActiveWords'를 검색하거나http://appcenter.evernote.com/ko/app/activewords/windows 에서 다운로드하세요.

[이런 경우 사용하세요!]

• 반복적으로 자주 사용하는 애플리케이션이나 기능이 있을 때

• 단축키 사용으로 자주 사용하는 기능을 빠르게 실행하고 싶을 때

• 문서작성 같은 한 가지 일에 집중하면서 다른 애플리케이션을 실행하고자 할 때

01 ActiveWords를 사용하려면 제작사 사이트를 통해 직접 다운받아 설치해야 합니다. 기본적으로 무료 사용이 가능하지만 에버노트와 ActiveWords 연동에 필요한 Evernote Add-in을 설치하려면 Plus 버전 이상에서만 설치가 가능하기 때문에 어쩔 수 없이 Plus 버전을 구입해야 합니다. 제작사에서 사용자가 미리 사용해 볼 수 있도록 60일 평가판을 제공하고 있어 미리 체험할 수 있습니다.

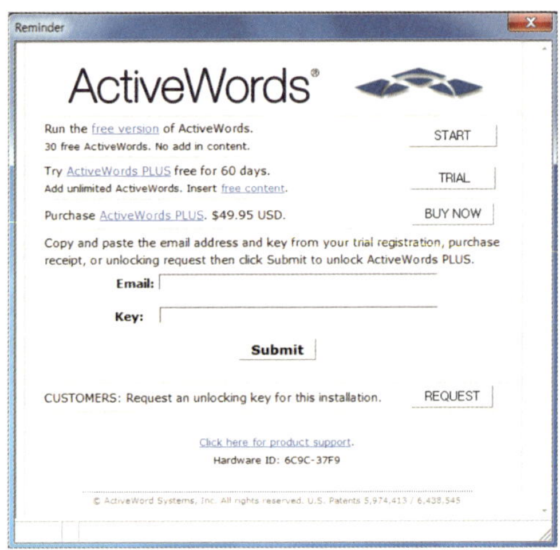

02 Evernote Add-in을 설치하기 위해 Evernote Appcenter, ActiveWords 소개 페이지 아래쪽 링크를 통해 파일을 다운받아 설치합니다.

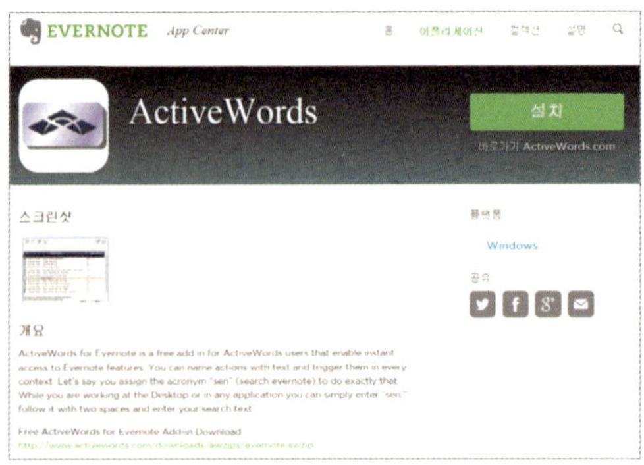

03   ActiveWords 명령어 리스트 아래쪽에 'Activeword for Evernote(www.evernote.com)'가 목록에 새롭게 설치된 것을 확인할 수 있습니다. 어떤 Evernote용 ActiveWords가 등록되어 있는지 확인하기 위해 해당 목록을 두 번 클릭합니다.

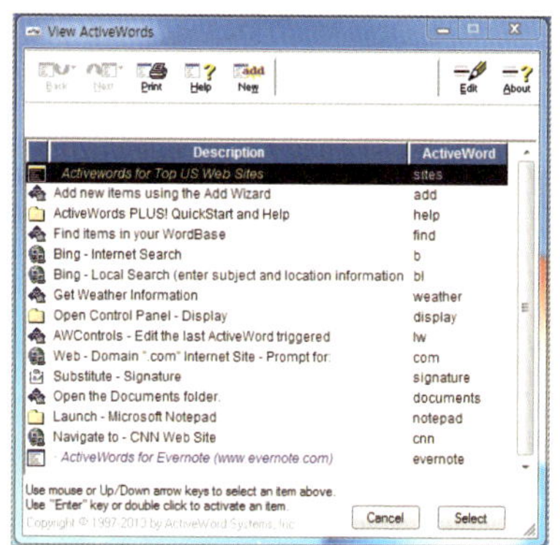
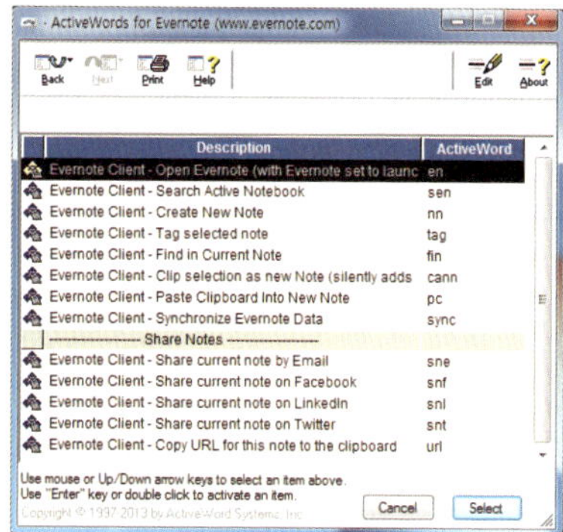

04   이제 설치가 완료되었으니 에버노트에서 특정 단어를 검색하는 명령어를 사용해보겠습니다. 미리 ActiveWords에 약속된 정의 'sen'을 입력한 후 F8 키를 눌러주면 에버노트 검색화면이 팝업으로 나타나 에버노트가 실행되지 않은 상태에서도 언제든지 빠르게 에버노트를 검색할 수 있습니다. 정의된 문구나 실행을 위한 F8 키는 모두 옵션에서 변경할 수 있습니다.

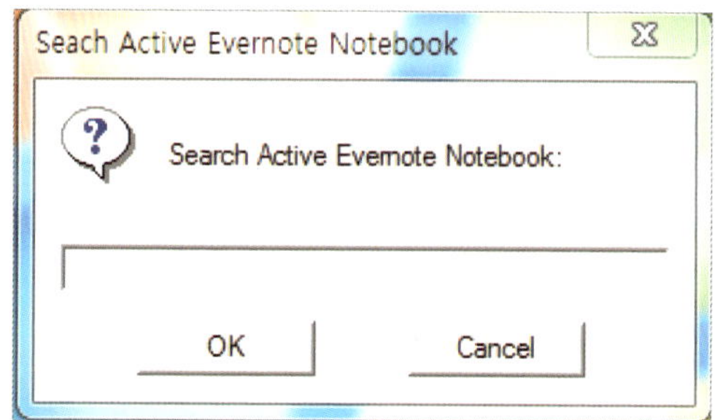

TIP

다양한 Add in 설치하기

추가적인 Add in 설치로 다른 애플리케이션의 기능도 빠르게 이용할 수 있습니다. Add-in은 제작사 사이트(http://www.activewords.com)의 Add in 탭에서 다운받아 설치할 수 있습니다. 총 5개의 카테고리로 어떤 단어든지 검색 사이트와 연결시킬 수 있는 knowledge Access, 각종 웹서비스와 연결시키는 Navigate internet, 아웃룩이나 윈도우 검색시스템과 연동시키는 ActiveWords agent, 빠른 글 입력을 위해 특수기호나 글자를 자동으로 변경시켜주는 Text substitutions, 마지막으로 에버노트 Add-in처럼 윈도우 서드파티 애플리케이션의 기능을 실행시켜주는 Program controls로 구성되어 있습니다.

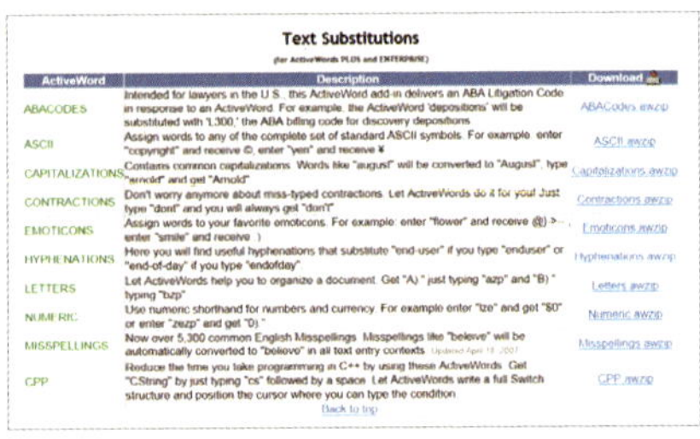

ClipBook – 좋은 글귀 수집

책을 읽다가 감동을 주거나 마음에 와 닿는 문구를 읽었을 때 ClipBook으로 사진과 글귀를 쉽게 기록하고 필요할 때 언제라도 에버노트를 통해 간편하게 찾아 볼 수 있습니다. 또 페이스북, 트위터 등 소셜 네트워크 서비스를 통해 친구들과 내가 기록한 내용을 공유하여 감동을 함께 나눌 수 있습니다.

[지원 기기] iPhone

[무료]

[다운로드]

iPhone

[이런 경우 사용하세요!]

- 감동적인 문구나 삽화를 체계적으로 정리하고 싶을 때
- 친구들과 읽고 있는 책의 좋은 문장을 공유하고 싶을 때
- 에버노트로 멋진 책 리뷰를 노트에 남기고 싶을 때

01 Clipbook을 실행하면 아래 사진처럼 새로운 책을 추가할 수 있는 부분과 현재 읽고 있는 책의 목록을 보여주는 페이지가 나타납니다. 새로운 책의 인상 깊은 문구나 삽화를 등록하기 위해 ⊕ 버튼을 눌러 [새로운 책 추가]를 실행합니다.

02 책 정보 등록화면입니다. 직접 각 항목을 입력하거나 책 뒷면의 바코드를 직접 촬영하면 인터넷에 등록된 정보를 받아와 자동으로 입력할 수도 있습니다. 책 표지는 인터넷 서점을 통해 다운받을 사진을 불러오거나 직접 스마트폰 카메라로 촬영하여 추가할 수 있습니다. 모든 항목을 입력하고 [등록하기]를 누릅니다.

03 책을 읽다가 인상 깊은 문장이나 삽화가 있다면 [페이지 슬라이더] ⊙를 움직여 페이지를 맞게 조정한 후 [문장등록] 버튼 이나 [사진등록] 버튼 을 누릅니다.

04 인상 깊었던 문장을 입력한 후 [등록하기]를 누릅니다.

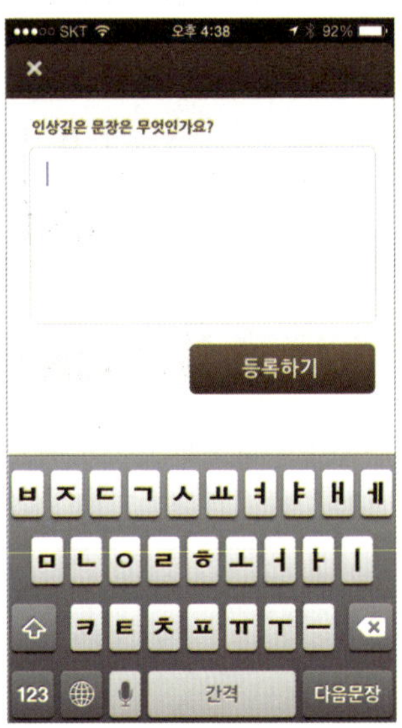

05 등록이 완료되면 하단 [페이지 슬라이더]를 통해 페이지 전후로 등록했던 인상 깊은 문장이나 이미지를 훑어볼 수 있습니다. 또 등록된 각 페이지를 페이스북이나 트위터를 통해 공유하거 수정, 삭제할 수 있습니다. 등록한 페이지를 페이스북으로 공유하려면 [페이스북] 버튼 을 누릅니다.

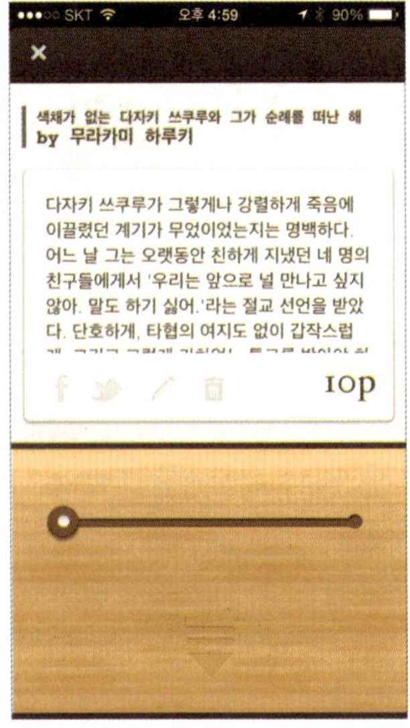

06 두 가지 형태로 페이스북에 공유할 수 있습니다. 원하는 형태를 선택한 후 페이스북으로 공유하기를 누릅니다.

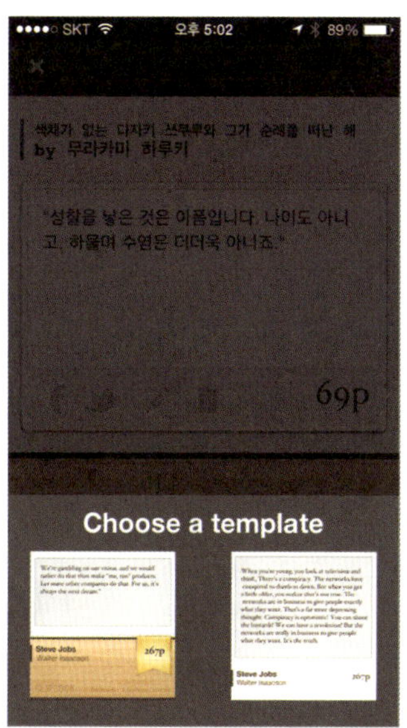

07 페이스북을 실행해서 확인하면 등록한 페이지가 깔끔하게 공유된 것을 확인할 수 있습니다.

08 각 페이지가 아닌 한 권 전체의 등록된 페이지를 내보내려면 에버노트를 이용해야 합니다. 등록된 모든 문장과 이미지를 페이지 순서에 맞춰 깔끔하게 하나의 노트로 내보낼 수 있습니다.

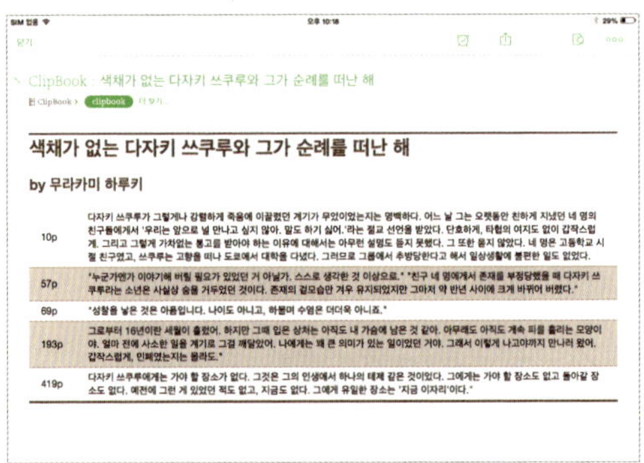

Chapter 11

Boxer –
이메일과 할 일 관리를 하나로 해결

직장 내 업무지시나 의사소통이 이메일을 통해 이뤄지고 있고 매달 납부해야 하는 청구서도 이메일로 전달됩니다. 그래서 받은 이메일 메시지를 언제 어떻게 처리해야 하는지가 할 일 (To-do) 관리의 많은 부분을 차지하고 있습니다. 이메일을 읽고 할 일 관리 앱을 실행해 추가하는 번거로움 없이 Boxer는 하나의 애플리케이션으로 이메일 관리와 할 일 관리를 통합 관리할 수 있습니다.

[지원 기기] iPhone, iPad,

[유료] iPhone 5.99$ / iPad $5.99

   *일부 클라우드 서비스와 연동 기능에 제한이 있는 Lite 버전을 무료로 이용할 수 있습니다.

[다운로드]

iPhone

iPad

[이런 경우 사용하세요!]

- 이메일을 통한 업무지시 등 회사와 소통이 많은 직장인
- 이메일과 할 일 관리를 하나로 통합해서 관리하고 싶을 때
- 쉬운 할 일 관리 애플리케이션을 원할 때

01 Boxer를 사용하려면 이메일 계정을 등록해야 합니다. 주로 사용하는 이메일 주소를 입력한 후 [Get Started]를 누릅니다.

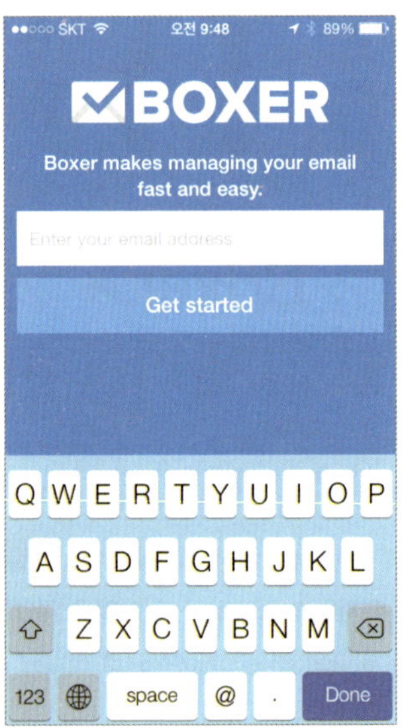

02 Boxer가 입력한 이메일을 주소를 분석해 이메일 등록 과정을 제공업체에 맞게 자동으로 안내합니다. 자동으로 설정이 불가능한 경우에는 이메일 서비스 제공업체를 수동으로 선택해야 합니다.

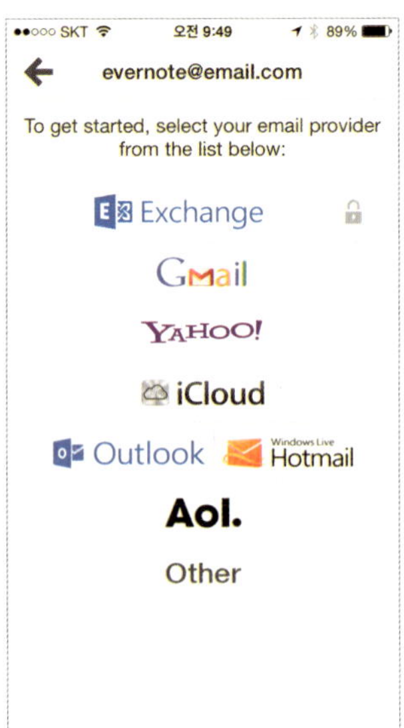

03 이메일 계정 등록이 완료되면 이름과 이메일에 대한 설명을 등록할 수 있습니다. 필수 항목이 아니므로 등록을 원치 않으면 [Done]을 눌러 등록을 건너 뛸 수 있습니다.

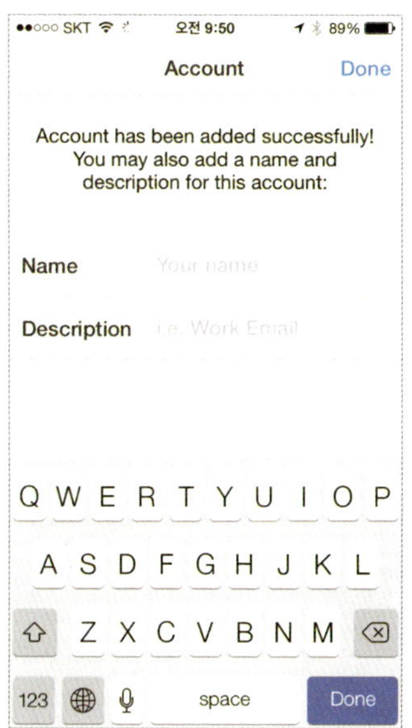

04 모든 설정이 완료되면 등록한 이메일의 Inbox 메일함이 나타납니다. 다른 이메일 애플리케이션처럼 수신된 이메일 목록이 표시되고 [새로운 이메일 작성] 버튼 을 이용해 새 메일을 보낼 수 있습니다. Boxer는 이메일을 보낸 사람을 쉽게 구분할 수 있도록 각각의 이메일을 [아바타 아이콘]으로 표시됩니다.

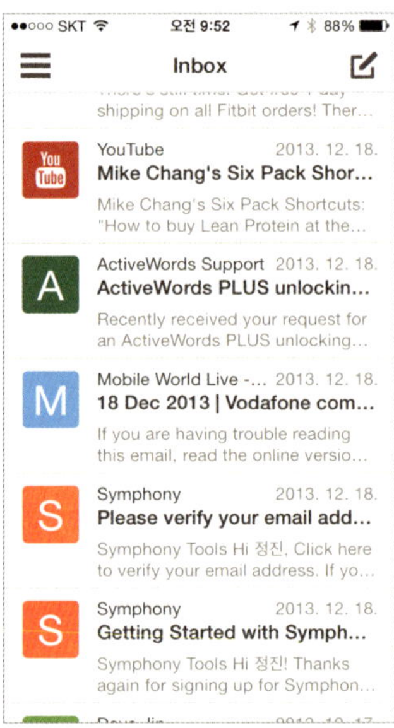

05 Boxer가 입력한 이메일을 주소를 분석해 이메일 등록 과정을 제공업체에 맞게 자동으로 안내합니다. 자동으로 설정이 불가능한 경우에는 이메일 서비스 제공업체를 수동으로 선택해야 합니다.

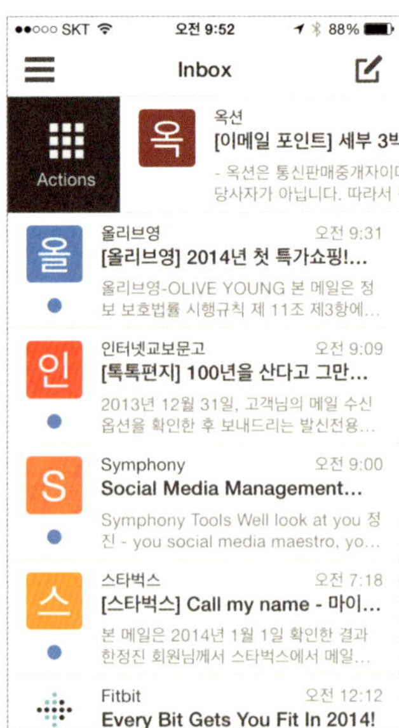

06 [Action] 메뉴를 통해 즐겨찾기(Like), 할 일(To-do) 등록, 에버노트 보내기 등 이메일을 처리할 수 있는 여러 가지 기능들을 빠르게 이용할 수 있습니다.

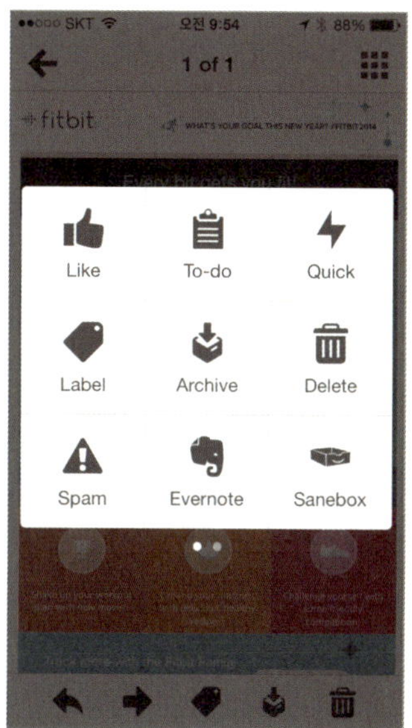

07 [오른쪽으로 길게 슬라이드]하면 바로 할 일(To-do) 목록에 추가할 수 있습니다.

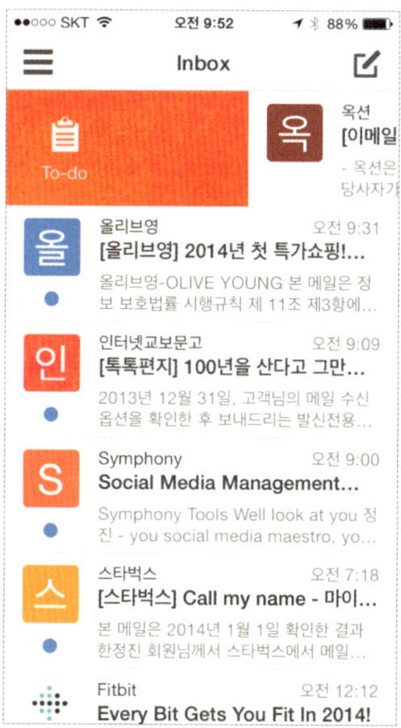

08 할 일(To-do) 등록 시 기한 설정(Set due date), 우선순위 등록(Add Priority), 일을 할당할 사람(Add Assignee)을 등록할 수 있습니다.

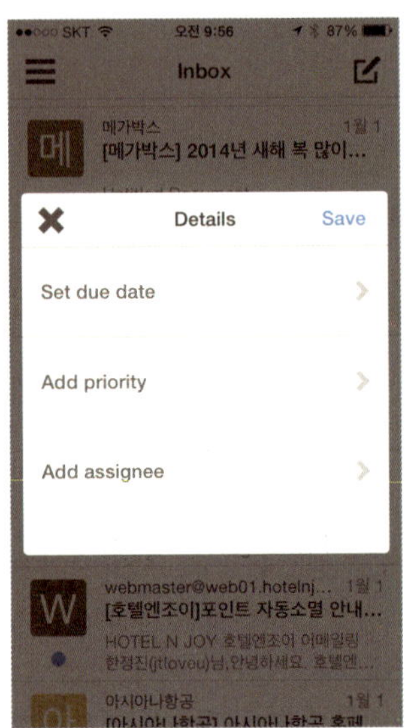

09 반대로 [왼쪽으로 짧게 슬라이드]하면 [Archive] 메뉴가 실행되어 이메일을 보관함으로 이동시킬 수 있습니다.

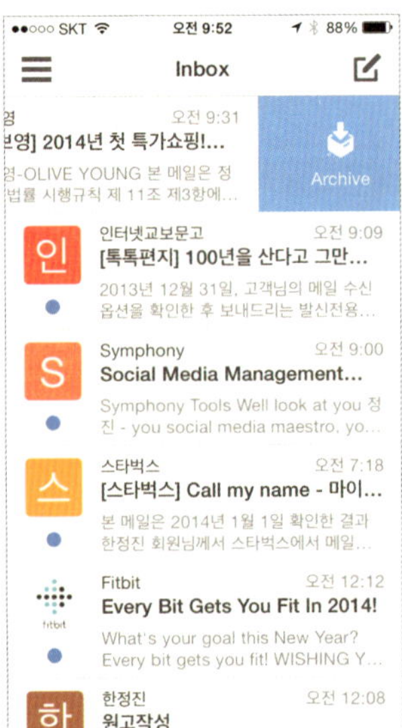

10 　마지막으로 스와이프 액션(Swipe Action)을 이용해 [왼쪽으로 길게 슬라이드]하면 [Delete] 기능이 실행되어 이메일을 삭제할 수 있습니다.

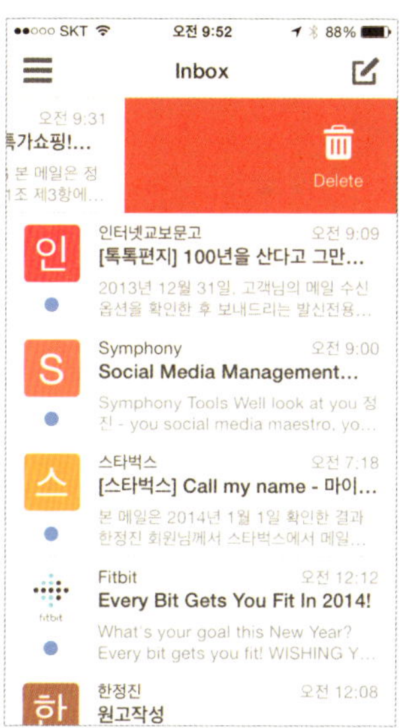

11 　할 일(To-do)에 추가된 목록들은 [메뉴] 버튼 ☰을 누른 후 [To do] 항목에서 확인할 수 있습니다.

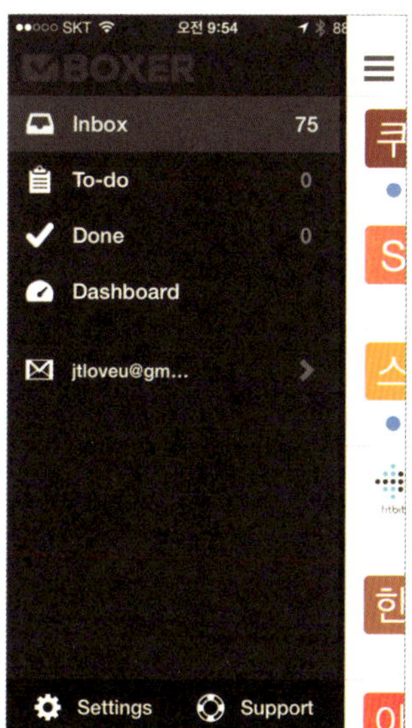

TIP

메일 발신자 사진 표시하기

연락처에 등록된 이메일 발신자의 사진을 목록에 표시할 수 있습니다. 이메일을 보내는 사람이 주로 연락처에 등록되어 있는 사람이면 이메일 이니셜을 표시하지 않고 사진을 표시하도록 변경할 수 있습니다. Boxer 설정 메뉴에서 [Appearance] 항목의 [Default Avatar]를 선택한 후 [Silhouette Image]를 설정하고 [Save] 버튼을 눌러 저장합니다.

• 연락처 사진으로 변경된 아바타 아이콘

TIP

스와이프 액션 변경하기

스와이프 액션(Swipe Action)을 사용자에 맞게 변경할 수 있습니다. 이메일 목록을 좌우로 슬라이드할 때 실행되는 스와이프 액션의 기본 메뉴를 사용자가 자주 쓰는 기능으로 변경하여 더 빠르게 원하는 기능을 실행할 수 있습니다.

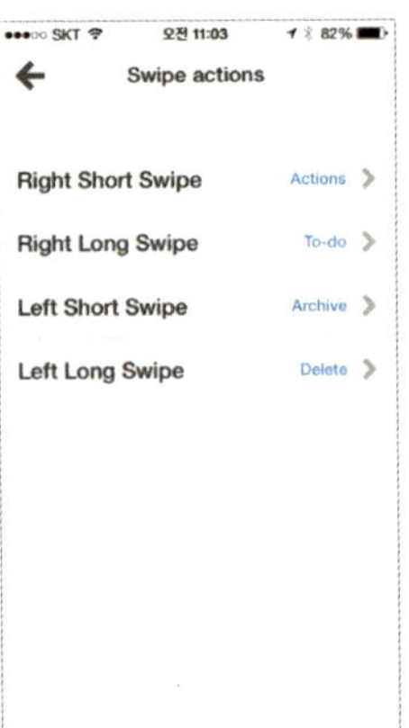

[이런 작업도 가능해요!]

- Box, Dropbox를 통해 이메일을 백업할 수 있습니다.
- 비밀번호를 설정하여 이메일을 안전하게 보호할 수 있습니다.

Chapter 12

EverShaker –
저장한 노트를 더 쉽고 재밌게 검색하는 방법

EverShaker는 에버노트에 저장된 노트를 노트북 목록, 태그, 키워드 등 다양한 방법으로 검색할 수 있도록 도와주는 애플리케이션입니다. 특히 노트북 목록과 태그를 무작위로 조합하여 기존 검색 방법으로는 찾을 수 없거나 사용자가 생각하지 못했던 에버노트 안에 숨겨져 있던 노트를 보여주기도 합니다. 또 검색된 노트는 EverShaker에서 즐겨찾기를 하거나 잘못 입력된 태그를 수정할 수 있습니다.

[지원 기기] iPhone, iPad

[유료] iPhone, iPad $1.99

[다운로드]

iPhone/iPad

[이런 경우 사용하세요!]

- 에버노트에 저장된 노트를 이용해 새로운 아이디어를 발굴하고 싶을 때
- 에버노트를 이용해 단어 공부, 시험 준비를 하고 싶을 때

01 EverShaker는 에버노트에 저장된 노트를 검색해주는 애플리케이션이기 때문에 반드시 에버노트 계정과 연결이 필요합니다. 에버노트 아이디와 비밀번호를 입력하여 계정을 인증합니다.

02 사용자가 원하는 노트북 이름, 태그, 키워드를 조건으로 에버노트에 저장된 노트를 검색할 수 있습니다. 오른쪽 상단의 [노트북, 태그 자동으로 선택하기] 버튼 ↻을 눌러 노트북과 태그를 무작위로 조합하여 검색하여 새로운 아이디어를 발굴할 수도 있습니다.

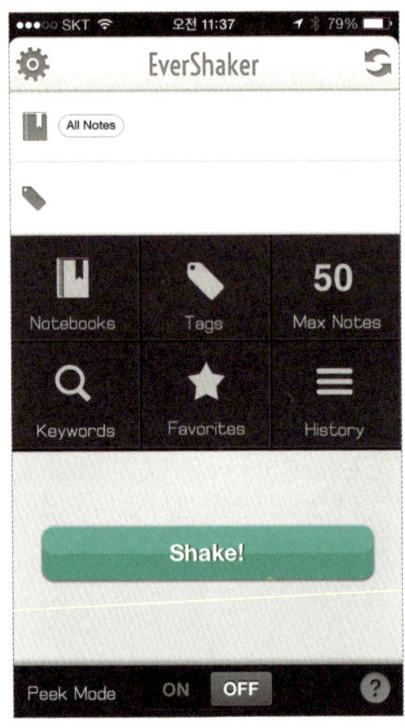

03 자동으로 조합된 방법이 아닌 사용자가 원하는 특정 노트북을 목록에서 검색하고 싶다면 [Notebooks] 메뉴를 눌러 검색을 원하는 노트북을 선택하여 등록합니다.

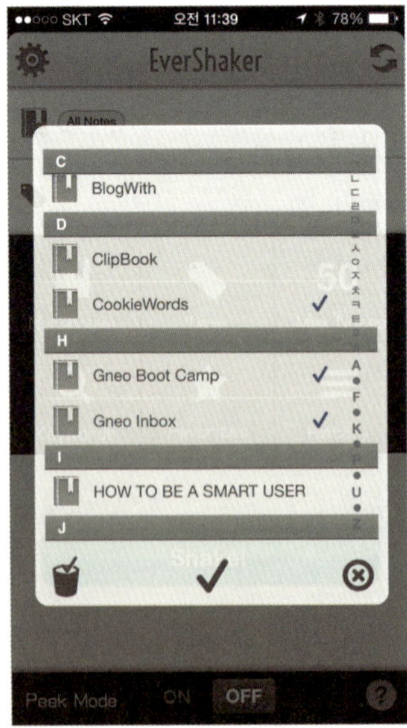

04 검색 조건에 태그도 추가하고 싶다면 [Tags] 메뉴를 눌러 에버노트에 미리 등록되어 있는 태그 목록 중에서 선택할 수 있습니다.

05 검색 편의를 위해 최대로 검색할 노트의 수를 최소 50개부터 지정할 수 있습니다. 검색 속도를 위해 적당한 숫자의 검색될 노트의 최대 개수를 지정하고 [완료]를 누릅니다. 이제 지정한 조건으로 노트를 검색하려면 [Shake]를 누릅니다.

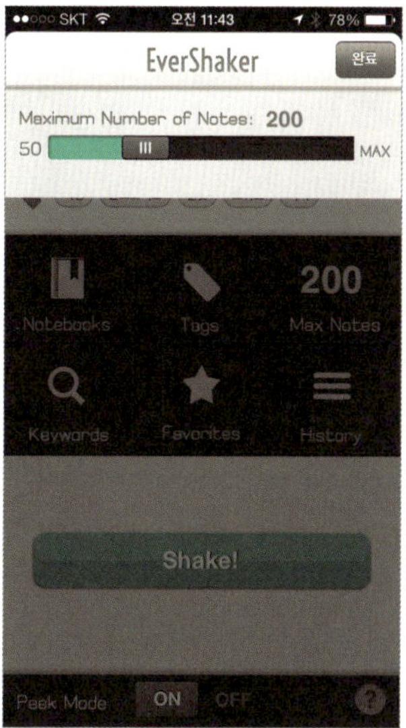

06 검색된 노트는 한 개의 노트씩 표시되며 오른쪽 상단 화살표 방향키를 이용하거나 [Swip] 기능이 활성화된 상태라면 좌우로 화면을 슬라이드해 다음 페이지로 이동할 수 있습니다. 또 [즐겨찾기] 버튼 을 눌러 즐겨찾기 목록에 추가하거나 [태그수정] 버튼 을 눌러 태그를 추가하거나 변경할 수 있습니다. 보고 있는 노트를 공유하려면 [공유] 버튼 을 누릅니다.

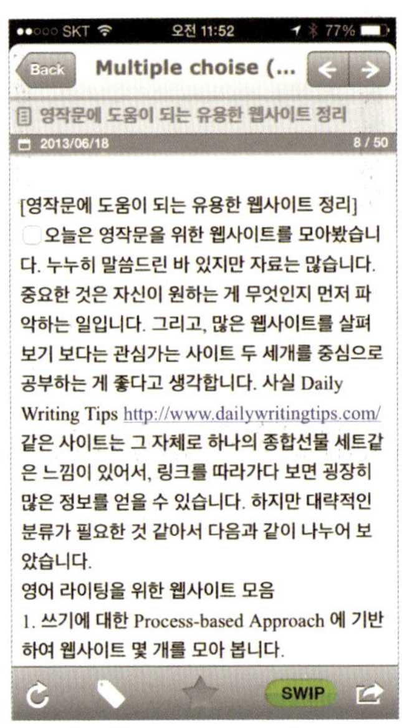

07 공유 메뉴에서는 에버노트 애플리케이션을 실행해 노트를 수정하거나 보고 있는 노트를 이메일, 트위터를 통해 공유할 수 있습니다.

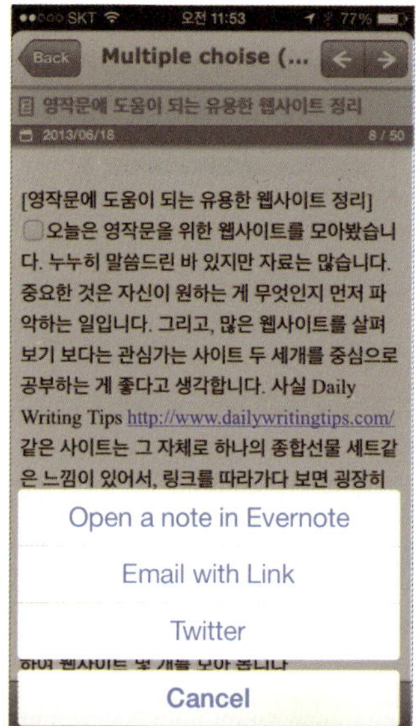

TIP

[Peek Mode]로 단어 학습하기

[Peek Mode]를 이용해 단어 학습이나 시험을 준비할 수 있습니다. 노트의 제목에 학습할 단어, 노트 내용에는 단어의 뜻을 입력해 놓고 EverShaker의 Peek 모드를 이용해 노트북을 불러오면 단어만 Peek 모드를 통해 확인하고 [Tap] 버튼을 눌러 뜻을 확인하는 단어 학습 기능으로 사용할 수 있습니다.

[Peek Mode]를 사용해 노트북을 검색하려면 메인화면 아래쪽 Peek Mode 스위치를 [On]으로 변경해야 합니다. 설정이 완료되면 [Peek mode]가 활성화된 상태로 단어가 저장된 노트북을 [Shake]합니다.

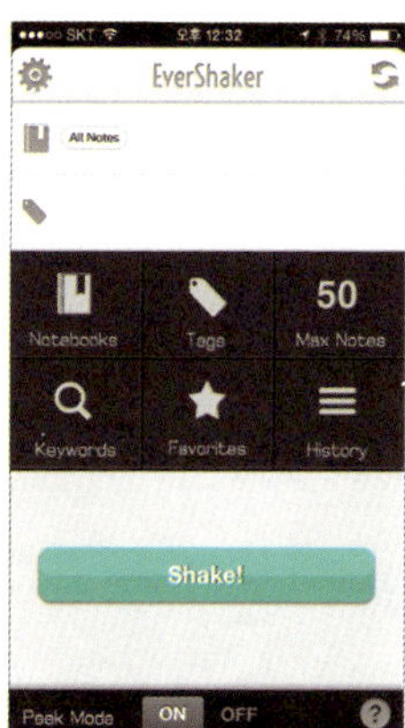

Peek Mode로 검색된 노트는 제목만 표시되며 화면 아무 곳이나 한 번 눌러주면 [Tap] 노트를 자세히 볼 수 있습니다.

[이런 작업도 가능해요!]

- EverShaker에서 노트북, 태그 조합으로 검색된 결과는 [History] 메뉴에서 언제든지 다시 같은 결과를 보거나 다시 검색할 수 있습니다.
- 검색 조건을 입력한 후 스마트폰을 흔들면 [Shake] 버튼을 누를 필요 없이 검색이 실행됩니다.

비스킷 –
나만의 편리한 영어 단어장

각종 IT 정보나 뉴스들을 보다 빠르게 접하기 위해 외국의 뉴스나 블로그를 자주 접하곤 합니다. 뿐만 아니라 영어 공부를 위해서도 영자 신문들을 모바일을 통해 읽곤 하지만 모르는 단어가 나올 땐 진도를 나가기가 쉽지 않습니다. 또한 그때마다 원하는 단어를 단어장 애플리케이션 등에 저장하는 일도 여간 귀찮은 일이 아닙니다. 그러나 비스킷을 이용하면 이제 손쉽게 단어장을 만들고 암기할 수 있습니다.

[이런 경우 사용하세요!]

- 인터넷 또는 PDF를 통해 영어 문서를 읽다가 모르는 단어를 발견했을 때
- 영자 신문을 보다가 기사 내의 영어 단어들을 한 번에 단어장으로 만들고 싶을 때
- 모르는 단어들을 에버노트에 손쉽게 정리하고 프린트해서 수시로 암기하고 싶을 때
- 만들어 놓은 단어장을 손쉽게 Evernote Peek용 단어장으로 변환하고 싶을 때

01   비스킷은 지금까지의 다른 단어장 또는 영어사전과는 다르게 매우 쉽고 간단
하게 단어장을 만들 수 있습니다. 우선 비스킷을 실행하여 에버노트와 연결합니다.

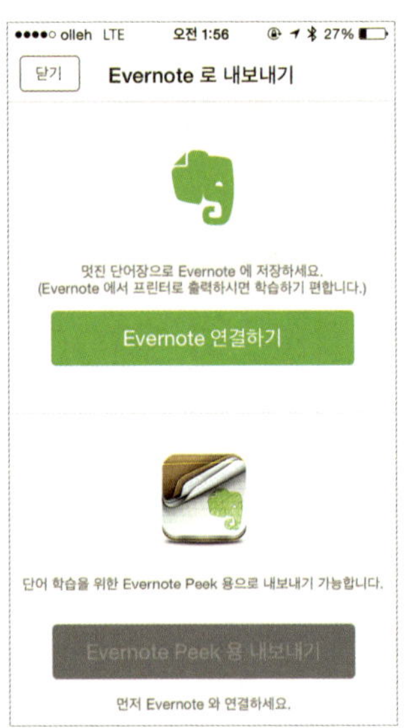

02   연결이 끝나면 이제 비스킷 앱에서 나와 공부하길 원하는 웹문서 및 PDF 등
으로 이동합니다. 스마트폰에서 영문 글을 읽다가(다른 언어 지원) 모르는 단어를
발견하면 단어를 선택하고 '복사하기'를 클릭합니다. 이렇게 복사하기를 클릭하는
순간 바로 상단에 단어와 뜻이 팝업창으로 나타나 바로 확인할 수 있습니다.

03 뿐만 아니라 이렇게 확인한 단어들은 비스킷 애플리케이션 안에 자동으로 저장되기 때문에 나중에 다시 확인하고 암기할 수 있습니다.

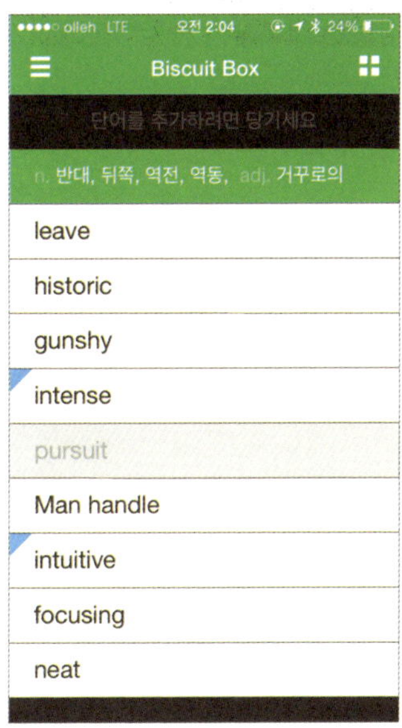

04 이제, 모바일에서 PDF나, 전자책, 뉴스 등의 외국어 문장을 읽을 때 사전 앱으로 왔다갔다하지 않아도 손쉽게 읽고 이해할 수 있습니다. 또한, 다음처럼 단어장을 여러 개 만들어 관리할 수도 있습니다.

05 에버노트와 연동하여 'Evernote로 내보내기' 기능을 통해 멋진 단어장 노트를 만들 수 있습니다. 또한, 'Evernote Peek 용 내보내기'를 클릭하시면 Evernote Peek 앱에서 바로 적용할 수 있는 단어장 노트북도 생성해 줍니다. 이제 비스킷만 있으면 폰에서도 아이패드에서도 데스크탑에서도 끊김 없이 외국어 공부를 할 수 있겠죠?

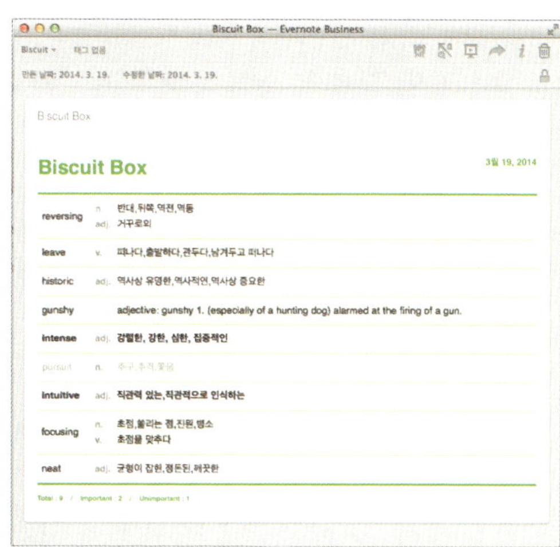

문자 인식 기능을 이용한 영자 신문 단어장 만들기

비스킷은 에버노트의 문자 인식 API를 사용하여 사진 속 단어를 찾아주고 그 단어들로 바로 단어장을 생성해줍니다. 또한, 이렇게 찍은 사진은 에버노트와도 동기화되어 저장됩니다. 이보다 더 손쉬운 단어장 만들기가 또 있을까요?

알리미를 설정하여 수시로 공부하세요.

알리미를 설정해두면 단어장에 저장해 둔 단어가 푸쉬 알림으로 전달됩니다. 비스킷은 단순한 단어장을 넘어 공부시간을 알려주고 수시로 단어를 암기할 수 있도록 도와주는 과외선생님 역할도 톡톡히 해줍니다.

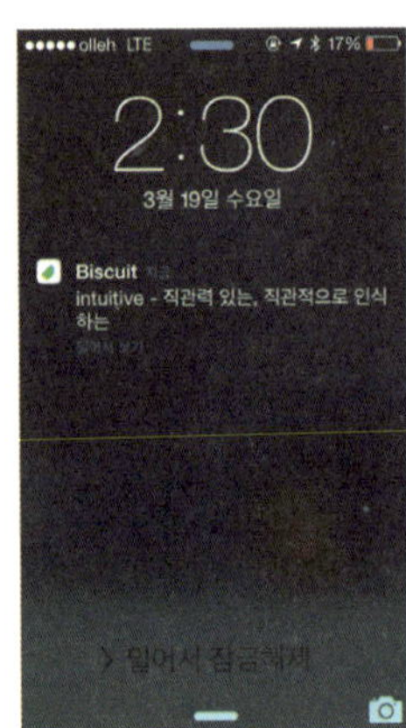

[이런 작업도 가능해요!]

    – 에버노트가 아닌 드롭박스와도 연동할 수 있습니다.

    – 인터넷에 연결되지 않아도 사용할 수 있습니다.

    – 비스킷 앱 안에서 직접 단어를 입력하여 단어장을 생성할 수도 있으며 단어 자동완성도 지원합니다.

    – 터치 슬라이드 제스처를 통해 단어의 중요도를 표시하거나 다 외운 단어를 손쉽게 삭제할 수도 있습니다

04

여행 & 라이프 스타일 :
삶을 관리해주는 애플리케이션

여행과 삶을 더욱 편리하게 만들어주는 애플리케이션에 대해서 알아보겠습니다. 가장 쉽게 꺼내 쓸 수 있는 애플리케이션들로 몇 개의 애플리케이션을 조합하면 좀 더 편리한 여행과 라이프 스타일을 만들 수 있습니다.

Placeme –
내가 방문한 곳을 자동으로 기록하기

Placeme는 자동으로 방문한 곳의 정보를 기록해주는 애플리케이션입니다. 장소를 기록하는 여타 애플리케이션처럼 사용자가 위치 정보를 기록하고 장소를 별도로 입력할 필요 없이 위치로그가 기록되어 방문한 장소의 정보를 기록하고 싶지만 습관이 되지 않아 아쉬워했던 사용자라면 편리하게 이용할 수 있습니다. 이렇게 기록된 정보는 지도 보기, 타임라인 보기, 장소별 보기 등 다양한 방식으로 정리해 볼 수 있습니다. 또 에버노트와 Placeme 계정을 연결하면 매일 방문한 곳의 기록 정보를 매일 하나의 노트로 정리할 수도 있습니다.

[이런 경우 사용하세요!]

- 위치 정보를 기록하고 싶지만 매번 애플리케이션을 켜고 기록하는 것이 불편한 사용자
- 매일 방문한 정보를 에버노트 애플리케이션 노트 보기로 매일 보고받고 싶을 때

01 Placem를 사용하려면 새로운 계정을 생성해야 합니다. 이메일과 비밀번호를 등록해서 Placeme 계정을 만듭니다.

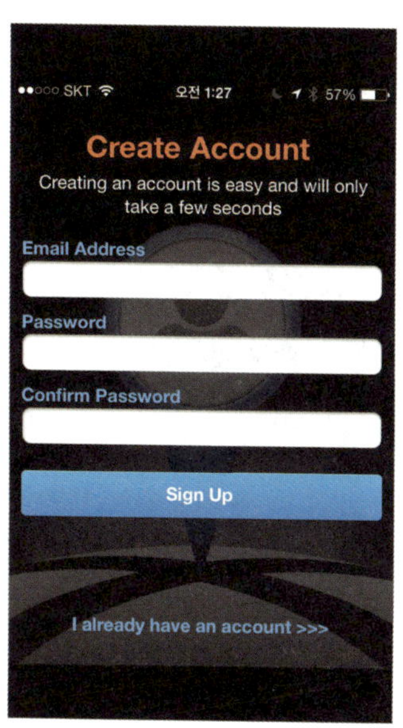

02 Placeme는 지도로 보기, 타임라인 보기, 내가 방문한 장소별 보기 등 세 가지 방식의 장소 보기 모드를 제공하고 있어 하루 동안 기록된 위치 정보를 사용자가 편리한대로 필터링해 살펴볼 수 있습니다. 각각의 보기 모드와 설정은 화면에서 언제라도 메뉴 버튼 ▤을 눌러 실행할 수 있습니다.

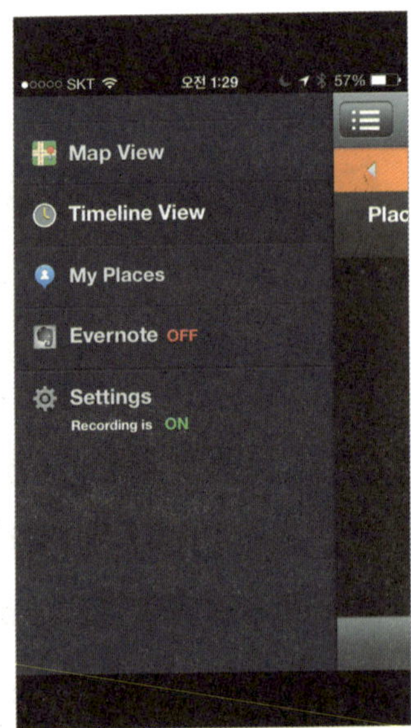

03 Placeme는 에버노트와 계정을 연결해서 매일 기록된 위치 정보를 일일 보고서처럼 노트에 기록해 받아볼 수 있습니다. 메뉴 목록에서 Evenote 메뉴를 누른 후 계정을 Placeme와 연결합니다.

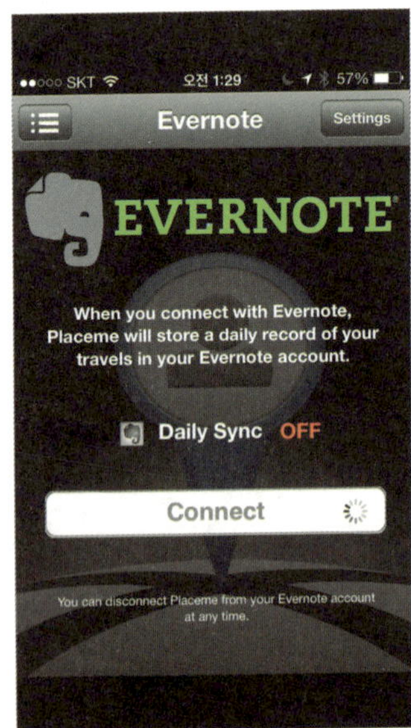

04 Placeme는 자동으로 위치 정보를 기록하기 때문에 별도로 장소를 등록할 필요는 없지만 GPS의 신호 오차로 인해 다른 장소가 기록될 수 있습니다. 또 기록을 원하는 장소가 자동으로 기록되지 않을 수 있습니다. 새로운 장소를 등록하려면 [Map] 보기 모드에서 ➕ 버튼을 누릅니다.

05 [Add A Visit]의 장소 목록에서 원하는 장소를 추가하거나 원하는 장소가 목록에 없다면 [Add Personal Place]를 눌러 미등록된 새로운 장소를 추가할 수 있습니다.

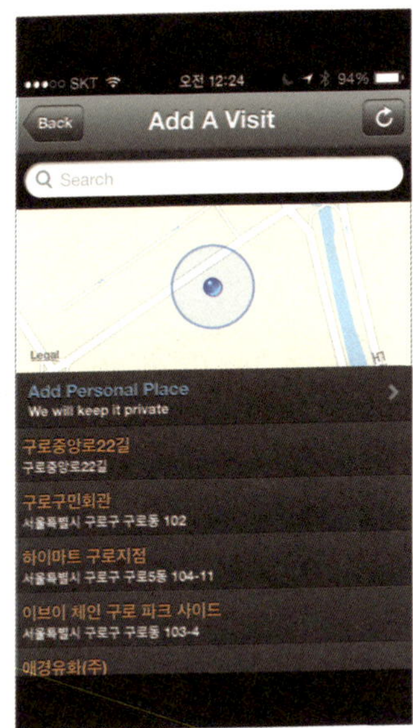

T I P

단위를 km으로 변경하기

설정에서 [Distances in Metric]을 활성화하면 m, km단위로 변경됩니다. 메뉴 버튼을 눌러 [Settings] 항목을 실행한 후 [Distances in Meric] 항목을 활성화하면 길이 단위가 국제 표준 단위인 m, km으로 표시됩니다.

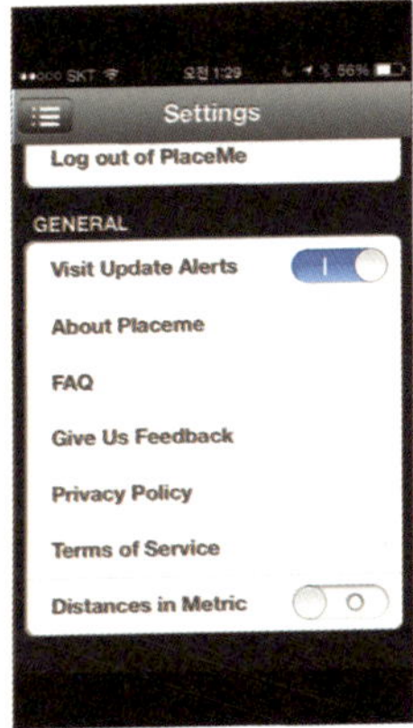

TIP

원하는 노트북으로 일일 보고서 받기

에버노트 설정에서 [Customize Notebook]을 활성화하면 원하는 노트북으로 일일 보고서를 받아볼
수 있습니다. Evernote 세부 설정에서 [Customize Notebook] 기능을 활성화하면 사용자가 원하는
이름의 노트북을 생성하고 방문한 장소에 대한 보고서를 받아 볼 수 있습니다. 또 [Place-Tag] 기능을
활성화하면 장소 태그를 노트에 추가할 수 있습니다.

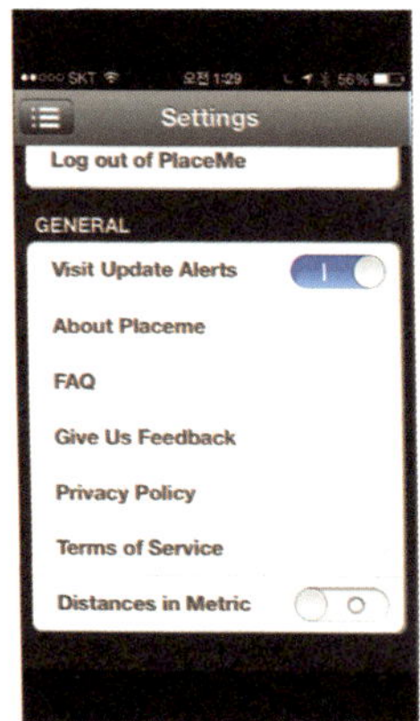

[이런 작업도 가능해요!]

- 등록된 장소를 별도의 지도 앱을 실행하지 않고도 구글 스트리뷰, 위성지도 보기, 하이브리드 보기 등을 실행
  할 수 있습니다.
- 각 장소에 대해 별도의 노트를 추가하여 장소에 대한 기억을 남길 수 있습니다.
- 페이스북, 트위터, 이메일을 통한 장소 공유가 가능합니다.

Chapter 02

Glympse –
친구와 위치 정보 공유하기

Glympse는 실시간으로 내 위치를 가장 안전하고 쉽게 공유하는 방법을 제공합니다. 또 일대
일 위치 공유뿐만 아니라 그룹으로 여러 명을 묶어 서로의 정보를 자동으로 공유할 수도 있습
니다. 또 단순히 현재 위치 정보뿐 아니라 이동 방향, 속도 등을 표시할 수 있고 미리 등록된
상용구와 남은 시간 옵션을 이용해서 이동 예정인 장소에 대한 다양한 정보를 쉽고 빠르게 공
유할 수 있습니다.

[이런 경우 사용하세요!]

- 나와 친구의 위치 정보를 서로 공유하고 싶을 때
- 여러 명과 그룹으로 위치 정보를 원하는 시간동안만 자동으로 공유하고 싶을 때
- 위치 정보 외에 이동 방향, 속도, 도착 시간, 도착 장소에서 행동 등 종합적인 정보 공유가 필요할 때

01　Glymps를 실행한 후 현재 위치에서 이동하고 있다면 속도가 지도에 표시됩니다. 현재 위치를 공유하고 싶다면 액션 버튼 **G**을 누른 후 [Glymps를 보내세요] 를 선택합니다.

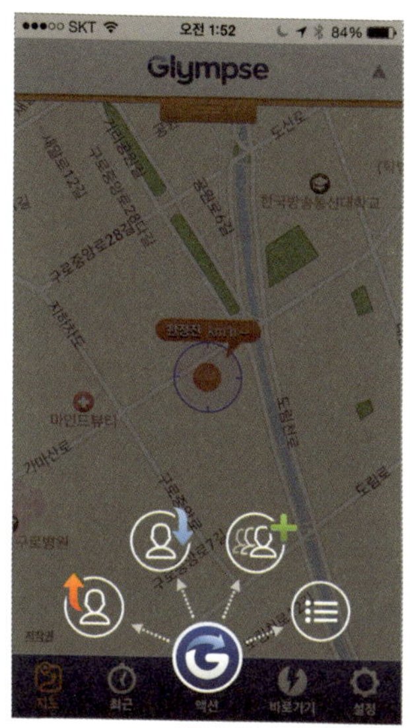

02　수신 목록에는 전화나 이메일을 입력해 애플리케이션을 설치하지 않은 누구에게나 보낼 수 있습니다. 또 화면 중앙에 타이머를 이용해 위치 정보를 공유할 시간을 미리 설정할 수 있습니다.

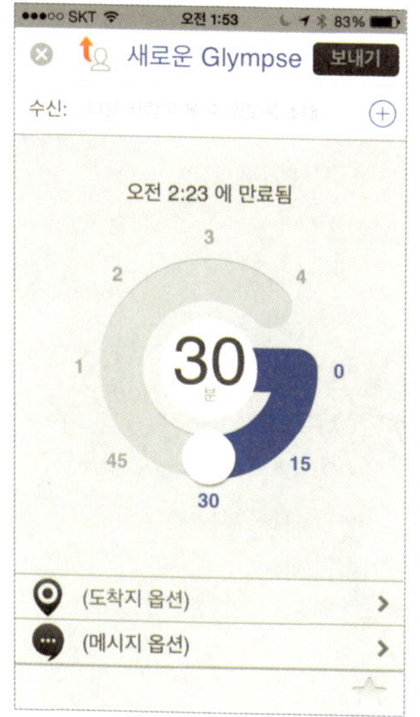

03 이동하는 목적지가 있다면 장소를 등록할 수 있습니다. 검색창에서 이동 장소를 검색한 후 해당 목록을 누릅니다.

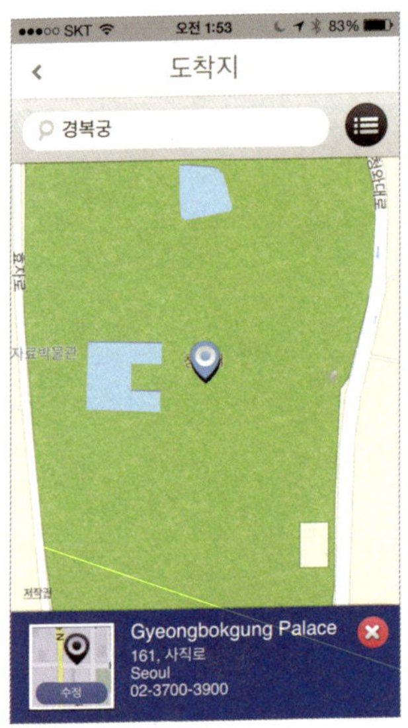

04 메시지 옵션에서는 목적지에서의 액션을 선택할 수 있습니다. 예를 들어 [Coffee?]를 선택하면 '경복궁에 도착하면 커피한잔 어때?'라는 의미가 됩니다.

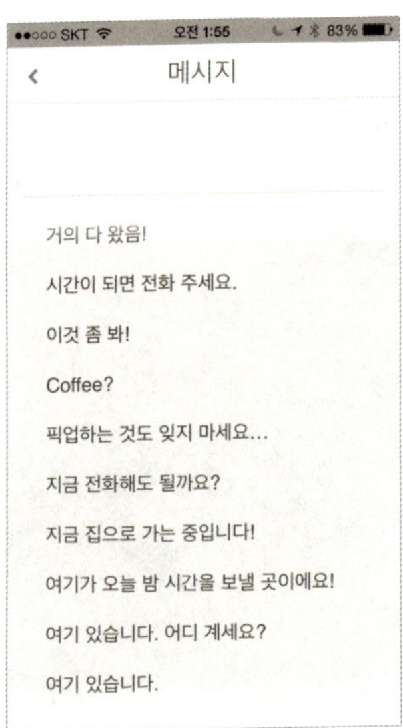

05 모든 항목을 입력한 후 보내기 버튼을 눌러 해당 메시지를 전송합니다. 메시
지를 받은 상대방에게는 이동장소, 도착 예정시간, 이동속도, 이동 완료율들이 표
시됩니다.

06 위치 정보를 공유 중이라면 화면 우측 나침반 아이콘 에 위치 정보를
공유하고 있는 대상이 보고 있는지, 몇 명이 보고 있는지 숫자가 표시되며 공
유 중일 때는 종료될 때까지 깜박입니다.

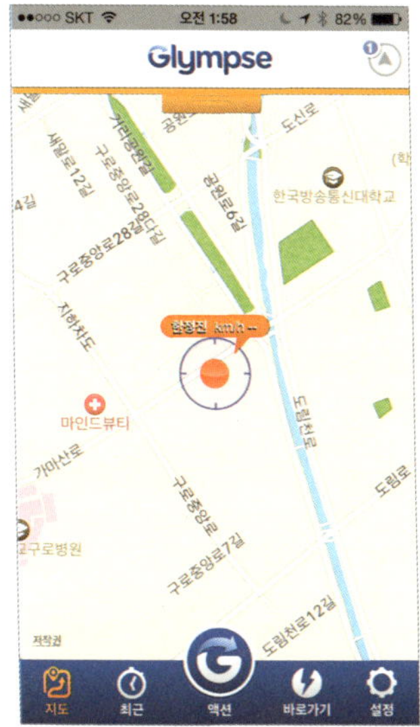

07 에버노트, 트위터, 페이스북과 공유하기 위해서는 설정 메뉴를 이용해서 계정을 연동하여 대상에 추가할 수 있습니다.

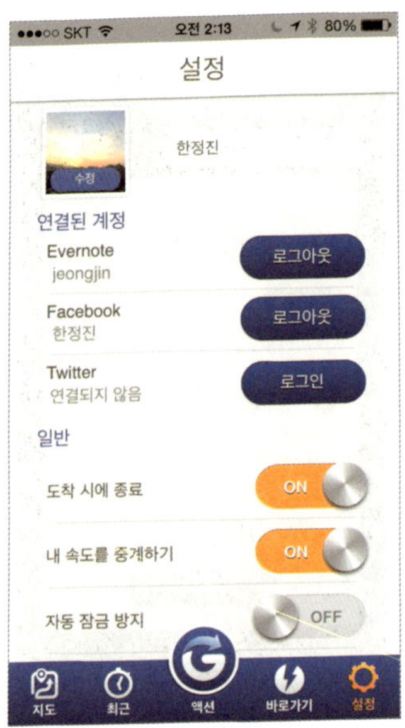

[이런 작업도 가능해요!]

- 공유한 상대방이 Glympse를 설치하지 않아도 페이스북, 트위터, 이메일을 통해 장소 정보를 공유받을 수 있습니다.
- 자주 방문하는 장소는 즐겨찾기를 하거나 홈 화면에서 아이콘을 생성해 빠르게 사용할 수 있습니다.

Car Locator –
주차장에서 내 자동차 쉽게 찾기

차를 주차한 후 어디에 주차했는지 몰라 당황한 적이 있다면 Car Locator를 이용하면 주차한 자동차를 쉽게 찾을 수 있습니다. 특히 실내 주차장의 경우에는 층수와 위치 번호를 이용해 대략적인 위치를 찾을 수 있지만 야외 주차장에 주차한 경우 내 차가 어디 주차했는지 표지가 없어 찾기가 쉽지 않을 때도 있습니다. 주차한 위치를 GPS와 사진으로 기록해 놓으면 Car Locator가 대략적인 방향과 거리를 안내합니다.

[지원 기기] Android

[유료] Google Play 4500원, Evenote Plugin은 별도로 구매 필요

[다운로드]

Android

[이런 경우 사용하세요!]

• 주차한 차를 찾지 못해 곤란을 겪는 일이 자주 있을 때
• 야외 주차장에 주차한 차를 찾기 위해 주차장 내비게이션이 필요할 때

01　Car Locator는 10회 이용할 수 있는 Trial 버전을 제공하고 있습니다. 체험판을 사용한 후 필요에 따라 구매하여 사용하는 것을 추천합니다. Car Locator를 실행하면 회전하고 있는 레이더가 화면 중앙에 표시됩니다.

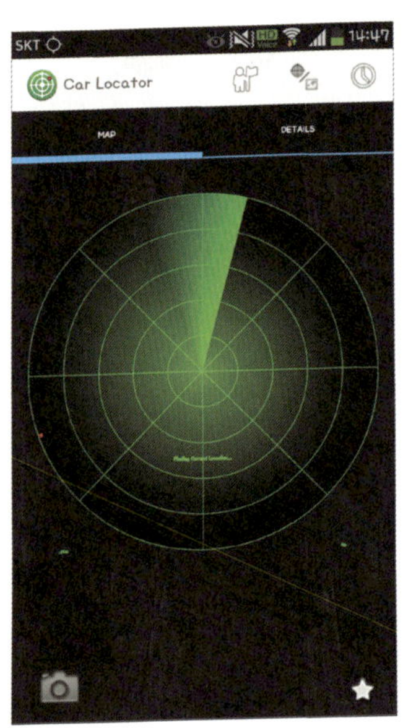

02　주차한 현재 위치를 등록하려면 화면을 두 번 두드리거나 상단에 깃발 표시 버튼 을 누릅니다. 등록된 위치는 빨간 점으로 표시됩니다. 또 지도 모드에서 현재 위치는 녹색으로 표시되며 레이더 모드에서 현재 위치는 레이더의 정중앙 교차점입니다.

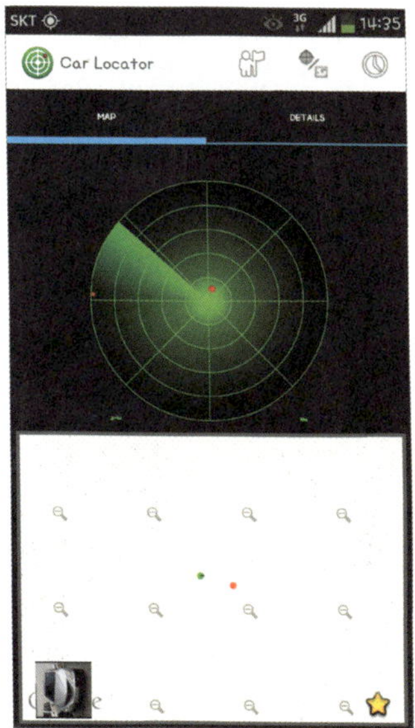

03 상세보기 [Details] 탭에서는 위치를 등록한 후 경과 시간(주차시간), 현 위
치에서 차까지 거리, 차가 있는 방향을 표시합니다. 레이더와 화살표가 안내하
는 방향을 잡아 차의 위치를 찾을 수 있습니다.

04 주차한 위치를 등록할 때 카메라 버튼 을 눌러 주차한 위치의 사진을 등록하거나 자주 주차하는 곳이라면 즐겨찾기 버튼 을 눌러 즐겨 찾는 장소로 등록할 수 있습니다.

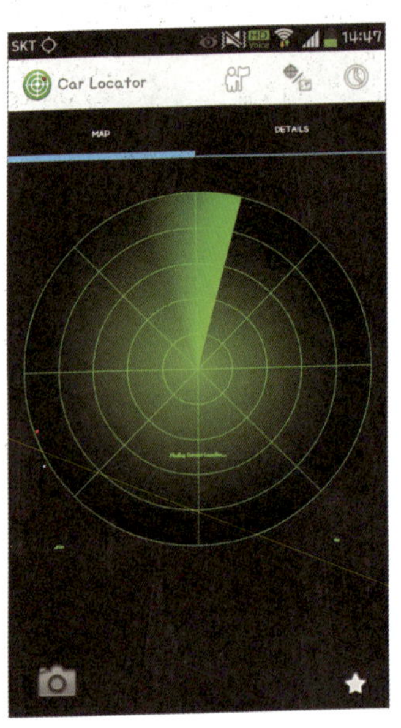

05 에버노트와 Car Locator를 연동하려면 별도의 유료 플러그인이 필요합니다. 에버노트 플러그인을 설치하면 저장한 장소의 위치 및 사진 기록 등을 보내거나 동기화할 수 있습니다. 에버노트 플러그인을 설치하려면 설정에서 [Get Evernote Plugin]을 눌러 플레이스토어에서 구매한 후 설치합니다.

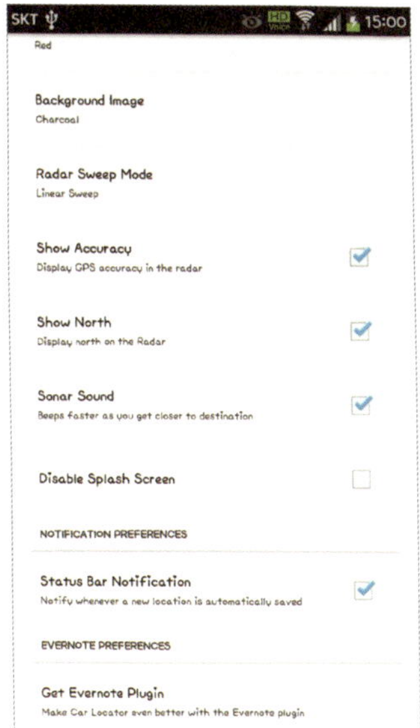

TIP

주차시간 알리미를 활용하세요.

Parking Timer Notification 옵션을 활성화하면 미리 설정한 주차시간을 넘겼을 때 알림으로 알려줍니다. Car Locator는 위치 정보를 저장하면 저장한 시점부터 주차된 시간을 위치 정보와 함께 표시합니다. 설정에서 주차 타이머를 활성화시키고 주차시간 알림을 등록하면 주차시간이 지정한 시간을 넘길 경우 알림을 통해 사용자에게 알려줍니다.

[이런 작업도 가능해요!]

– 레이더 보기, 지도 보기, 혼합 모드 등 위치를 찾기 위한 다양한 보기 모드를 지원합니다.

– 레이더 보기 모드 사용 시 소나(Sonar Sound) 효과를 이용하여 실제 레이더 영상 같은 느낌을 얻을 수 있습니다.

– 자주 주차하는 장소가 있다면 즐겨찾기에 등록해 매번 새로 주차 위치를 등록할 필요 없이 목록에서 선택할 수 있습니다.

Anchornote –
여행 일정을 놓치고 싶지 않다면

Anchornote는 여행 계획을 세우고 여행지의 정보를 기록할 수 있는 애플리케이션입니다. 단
순히 언제, 어디서, 무엇을 할지를 시간의 순서에 따라 노트하는 것이 아니라, 여행지의 위치
를 기반으로 도착했을 때 사용자가 어떤 액션을 취할지에 대한 계획을 등록할 수 있습니다.
예를 들어 경복궁에 관한 사진, 소개 정보, 음성 메모 등을 미리 기록해 놓으면 경복궁에 도착
했을 때 Anchornote가 자동으로 미리 등록한 정보를 표시합니다.

[지원 기기] iPhone

[유료] AppStore $1.99

[다운로드]

iPhone

[이런 경우 사용하세요!]

- 새로운 여행 계획이 있고 FourSquare와 에버노트를 사용하는 경우
- 가고 싶은 장소에 도착했을 때 꼭 해야 할 일을 잊지 않고 싶을 때
- 관광지를 떠나기 전에 해야 할 일을 알림으로 받고 싶을 때

01 Anchornote를 실행하면 현재 위치를 표시하는 지도가 화면에 표시됩니다. 새로운 장소를 등록하려면 ➕을 누릅니다.

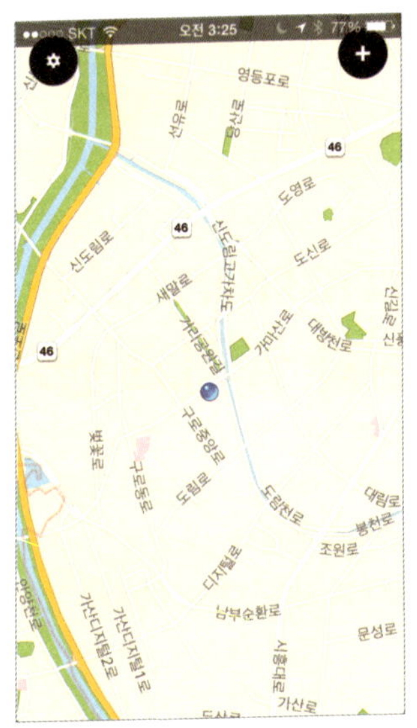

02 등록하려는 장소를 [name...]에 입력합니다. 위치는 [현위치] 버튼 ↗ 을 눌러 현재 위치를 등록하거나 [검색] 버튼 🔍 을 눌러 방문 예정인 장소를 등록할 수 있습니다. 추가적인 정보를 등록하려면 [추가] 버튼 ➕ 을 누릅니다.

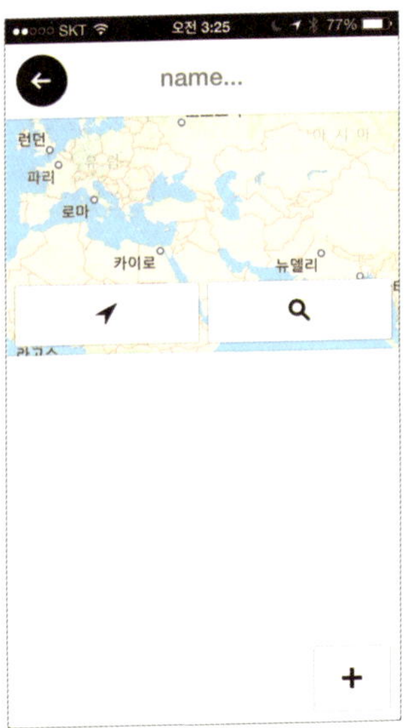

03 추가 정보에는 장소에 대한 노트 기록, 사진 찍기, 사진 불러오기, 음성녹음이 가능합니다.

04 등록한 위치에 도착하거나 떠날 때 알림 울리기를 설정할 수도 있습니다. 위치 기반 알림에 대해 다음과 같은 조합으로 설정이 가능합니다. [Alert me], [Silent]/[Next], [Every]/[Arrive], [leave], 예를 들어 등록한 위치에 도착했을 때마다 알림을 받고 싶다면 '[Alert me] [Next] Time I [Arrive]'를 선택합니다.

05 등록한 장소 목록은 애플리케이션 첫 화면에서 지도와 목록이 함께 표시됩니다. 각 장소의 순서에 따라 지도에는 숫자로 표시됩니다.

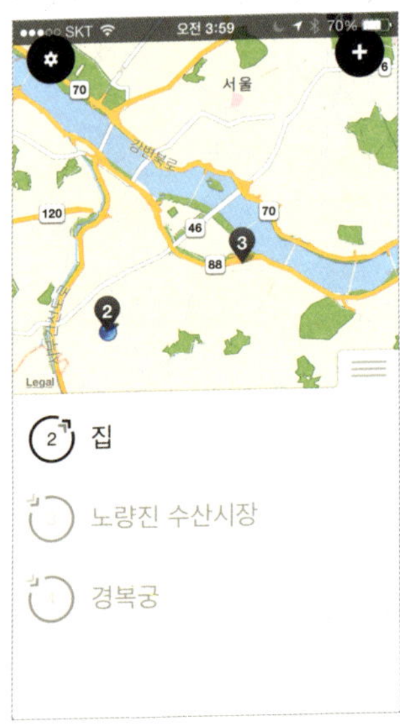

06 Anchornote는 위치 기반 SNS인 포스퀘어와 에버노트를 통해 장소 목록을 가져오거나 백업할 수 있습니다. 포스퀘어, 에버노트와의 연동은 [설정] 버튼 ⚙을 눌러 실행할 수 있습니다.

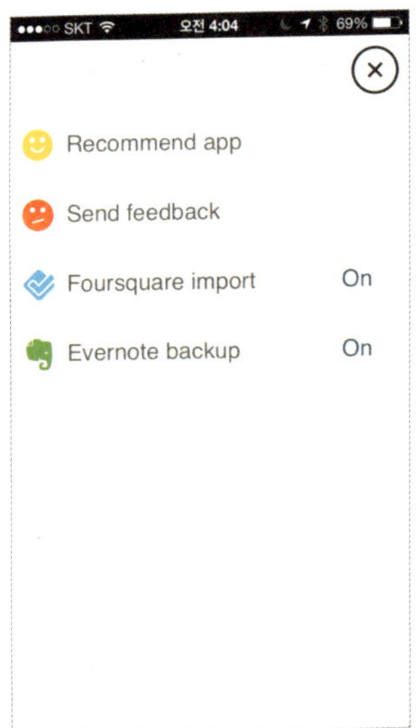

AbleConverter –
실시간으로 환율 정보를 확인하고 노트에 저장

AbleConverter는 실시간 환율 계산, 단위 변환, 노트 기록 기능이 합쳐진 통합 애플리케이션입니다. 해외 여행을 떠나면 환율 문제뿐 아니라 물건의 무게나 부피를 나타내는 단위, 거리나 속도를 표시하는 단위가 달라 계산하는 데 어려움을 겪습니다. Ableconverter를 이용하면 이런 어려움을 하나의 애플리케이션으로 해결할 수 있습니다. 실시간 환율 외에도 음력과 양력, 길이, 무게, 부피, 온도, 압력, 속도, 각도, 에너지, 힘, 시간, 밀도, 토크, 유량, 소리 등의 변환 및 계산이 가능합니다.

[지원 기기] iPad

[유료] iPhone 1.99$

[다운로드]

iPhone

[이런 경우 사용하세요!]

- 해외 여행에 필요한 실시간 환율 계산기가 필요할 때
- 팁 계산, 쇼핑에 필요한 단위 환산, 거리 변환 등 통합된 계산기가 필요할 때
- 변환된 데이터를 이용해서 노트에 쉽게 기록하고 싶을 때

01 AbleConverter를 실행하면 가장 대표적인 기능인 환율 변환 계산기가 실행됩니다. 원화–달러 간 변환 기능을 자주 사용한다면 화면 상단의 [즐겨찾기 추가] 버튼 을 눌러 등록할 수 있습니다.

02 즐겨찾기가 추가된 계산값들은 [즐겨찾기] 버튼 을 누르면 추가된 목록이 나타납니다. 목록에서 사용하고 싶은 항목을 눌러 빠르게 자주 사용하는 계산기를 이용할 수 있습니다.

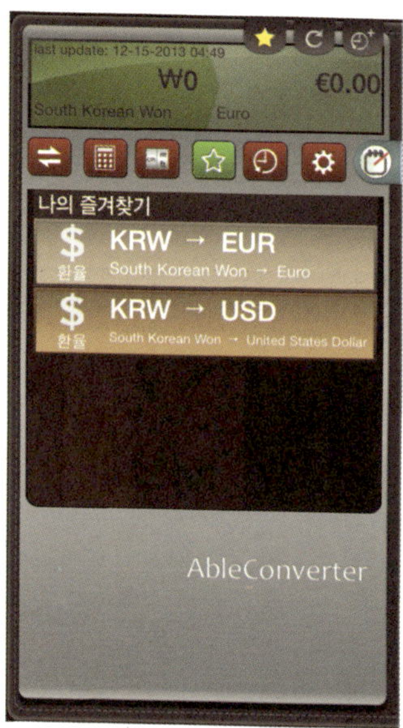

03 환율은 설정에 등록된 업데이트 주기에 따라 환산값이 변경됩니다. 현재 환율 을 바로 적용하고 싶다면 상단에서 [새로고침] 버튼 C 을 누릅니다. 인터넷을 통 해 업데이트된 실시간 환율 정보가 새롭게 적용됩니다.

04 이렇게 변환된 환율 계산값을 포함해서 여행 노트를 적고 싶다면 상단에 [클립보드 복사, 히스토리 저장] 버튼 을 눌러 클립보드에 복사한 후 [노트작성] 버튼 을 눌러 노트 목록으로 이동합니다.

05 노트 목록에서 [새노트] 버튼을 눌러 새로운 노트 창을 열고 [붙여넣기] 버튼 을 눌러 클립보드로 복사한 환율 계산값을 입력합니다. 에버노트에 저장될 노트북을 수정하려면 [에버노트] 버튼 을 누릅니다.

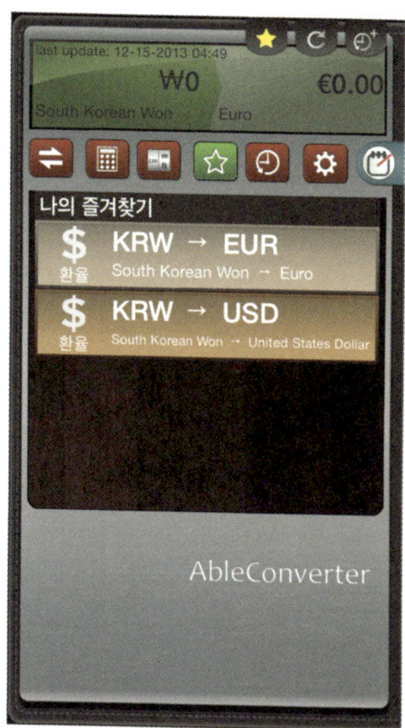

03 환율은 설정에 등록된 업데이트 주기에 따라 환산값이 변경됩니다. 현재 환율
을 바로 적용하고 싶다면 상단에서 [새로고침] 버튼 ⟳을 누릅니다. 인터넷을 통
해 업데이트된 실시간 환율 정보가 새롭게 적용됩니다.

04 이렇게 변환된 환율 계산값을 포함해서 여행 노트를 적고 싶다면 상단에 [클립보드 복사, 히스토리 저장] 버튼 을 눌러 클립보드에 복사한 후 [노트작성] 버튼 을 눌러 노트 목록으로 이동합니다.

05 노트 목록에서 [새노트] 버튼을 눌러 새로운 노트 창을 열고 [붙여넣기] 버튼 을 눌러 클립보드로 복사한 환율 계산값을 입력합니다. 에버노트에 저장될 노트북을 수정하려면 [에버노트] 버튼 을 누릅니다.

06 노트 정보에서 노트북 항목을 눌러 기존 에버노트 노트북 목록 중 저장하고
싶은 위치를 지정하고 [에버노트와 동기화]를 눌러 동기화를 진행합니다.

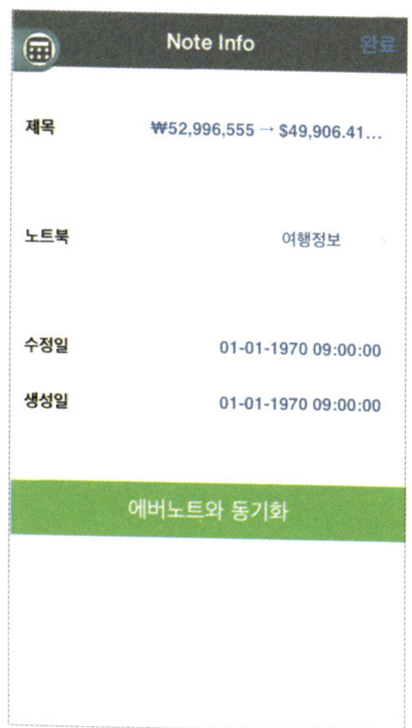

TIP

암호 잠금 기능

암호 잠금 기능을 이용해서 개인적인 내용이 담긴 노트를 안전하게 보호할 수 있습니다. [환경설정] 버튼을 눌러 환경설정 기능을 실행한 후 [일반] 그룹에 [암호잠금] 기능을 켜서 4자리 PIN 번호를 등록하면 애플리케이션을 실행할 때마다 4자리 PIN을 입력해야만 실행이 가능합니다.

[이런 작업도 가능해요!]

- 미리 설정된 변환 범주 외에도 엔탈피, 엔트로피, 휘도, 조도, 광도, 접두어 등의 기능도 추가해서 이용할 수 있습니다.
- 에버노트에 등록된 노트 중 단위 변환 계산이 필요하거나 계산이 필요한 노트를 [가져오기] 기능을 통해 불러올 수 있습니다.

Chapter 06

Xing –
여행 계획, 기록, 발행 Xing(行) 하나로 해결하세요.

여행 계획을 세우고, 기록하고, 공유하는 더 편하고 재미있는 방법을 찾는다면 Xing을 이용해보세요. 여행을 떠나기 전 에버노트에 여행 관련 정보를 저장하고 Xing으로 불러와 여행 일자와 여행 장소를 등록하고 여행지에 도착하면 위치 기반 알림을 통해 자동으로 알려줍니다. 또 여행지에서 촬영한 사진, 메모 등을 자동으로 아름답게 재편집하여 멋진 여행기를 웹을 통해 공유할 수 있습니다.

[지원 기기] iPhone

[유료] iPhone $1.99

[다운로드]

iPhone

[이런 경우 사용하세요!]

- 에버노트로 여행 계획을 세우고 여행지에 도착한 후 자동으로 알림을 받고 싶을 때
- 여행지에서 찍은 사진과 기록들을 에버노트에 편하게 기록하고 싶을 때
- 에버노트에 저장된 여행지의 기록들을 멋지게 공유하고 싶을 때

01 Xing은 에버노트를 기반으로 작동되는 애플리케이션입니다. 에버노트에 로그인한 후 Xing을 인증합니다.

02 여행지와 관련된 인터넷 스크랩이나 예행 계획이 작성된 노트를 Xing과 연결하기 위해 에버노트의 노트북 목록에서 관련 노트북을 선택합니다.

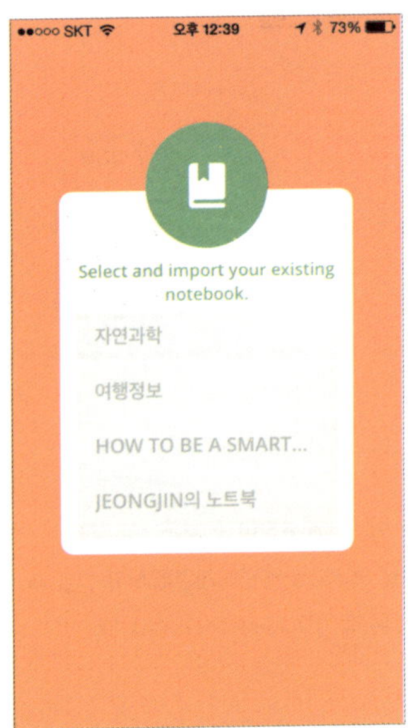

03 여행을 계획한 일정이 있다면 출발 일을 선택한 후 [Done]을 누릅니다. 에버노트 미리 알림을 받고 싶다면 [Setup a Reminder]를 [On]으로 변경합니다.

04 선택한 에버노트 노트북에서 노트가 자동으로 스마트폰에 다운로드됩니다. 화면 중앙 원 안에는 노트북의 이름, 여행일자가 표시되고 그 아랫부분에는 여행지에서 작성한 노트 숫자, 노트북에 저장된 노트의 수, 여행지에서 촬영한 사진의 숫자가 순서대로 아이콘 아래에 표시됩니다. 새로운 여행지 추가하기 버튼 ▲을 누릅니다.

05 [New Destination]에 가고자 하는 목적지를 입력하고 검색된 목록에서 알맞
은 목적지를 선택한 후 [Next]를 눌러 다음 단계로 이동합니다.

06 선택된 목적지의 지도가 화면에 표시됩니다. 목적한 곳의 위치가 맞는지 확인하고 잘못 표시되어 있다면 아이콘을 옮겨 정확한 위치를 선택한 후 [Next]를 누릅니다.

07 이제 불러온 노트북에서 여행 목적지에 관련된 노트만 선택합니다. 선택된 노트북은 위치 기반 알림으로 작동되어 목적지 도착 시 자동 알림을 통해 사용자가 확인할 수 있습니다. 선택이 완료되면 [Done]을 누릅니다.

08 여행정보 노트북 아래 새롭게 등록한 목적지 범주가 생성되고 그 아래에는 노트북에 등록된 사진의 숫자, 태그별 누적 숫자가 표시되는 것을 확인할 수 있습니다. 새 목적지와 연결된 노트를 자세히 보려면 목적지를 누릅니다.

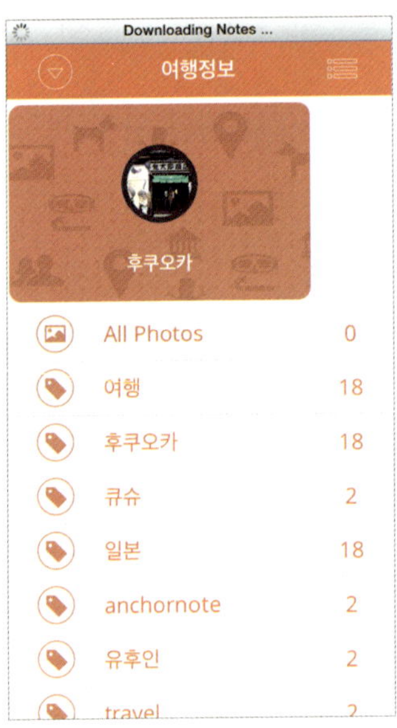

09 새 목적지와 연결된 노트를 좌우로 슬라이드해서 확인할 수 있습니다. [Edit] 버튼을 눌러 노트를 추가하거나 삭제할 수 있습니다. 이곳에 등록된 노트는 목적지에 도착하면 스마트폰 자동 알림을 발송해 여행지를 안내해줍니다. 이제 계획대로 여행을 떠나 Xing을 실행시키면 됩니다.

10 실제 여행을 떠나면 Xing이 위치 기반 알림을 통해 여행지를 안내하고 사용자
는 [카메라] 버튼　을 눌러 사진을 촬영하거나 [노트] 버튼　을 눌러 기록만 하
면 지정된 노트에 모두 기록됩니다.

11 여행에서 돌아와 여행 중에 촬영한 사진, 메모를 정리하는 일은 매우 번거로운 일입니다. 하지만 Xing은 여행 중 촬영했던 사진과 기록을 가장 아름다운 방법으로 웹에 출판하고 페이스북, 트위터, 웹 링크를 통해 공유할 수 있습니다. 여행기를 발행하려면 첫 화면에서 [설정] 버튼 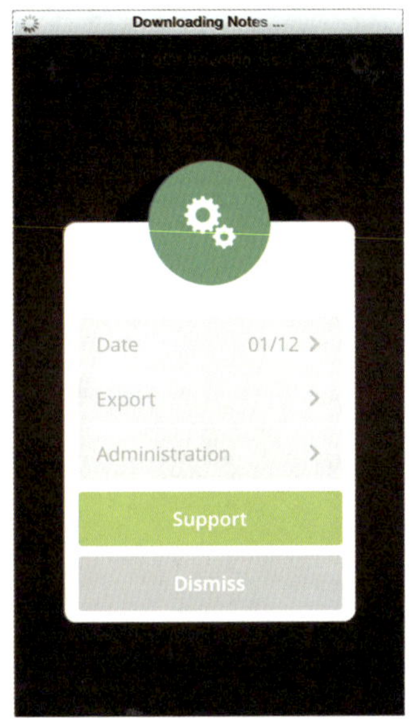을 누른 후 팝업 메뉴에서 [Export]를 선택합니다.

12 가장 쉬운 방법으로 멋진 여행기를 웹으로 발행하고 싶다면 [Generate Web Site]를 누릅니다.

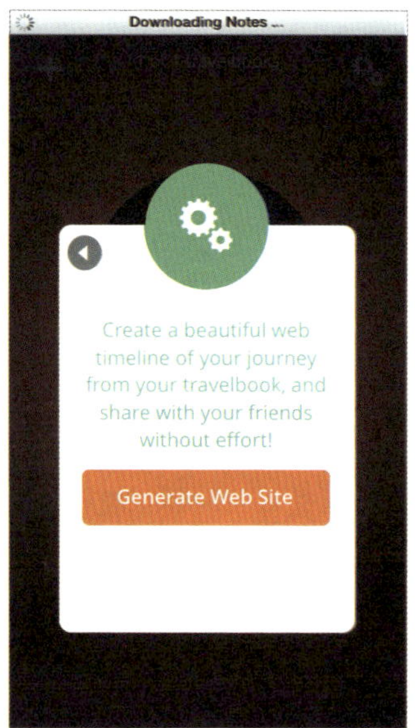

13 웹사이트가 완성되면 링크가 생성됩니다. [페이스북], [트위터]를 통해 자동으로 공유하거나 [클립보드] 버튼을 눌러 링크를 복사할 수 있습니다. 복사된 링크를 웹브라우저에서 확인합니다.

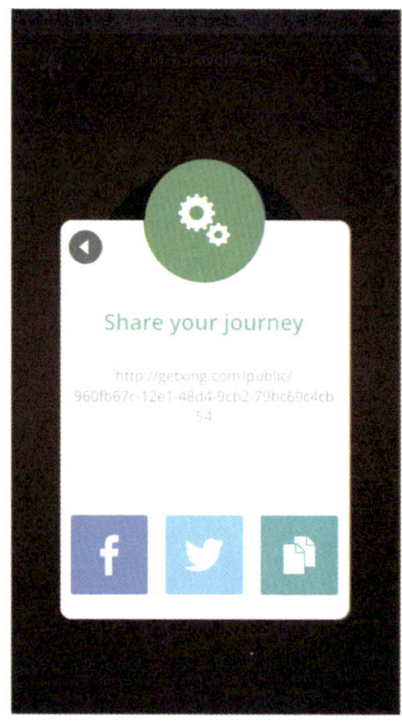

노트북 변경하기

노트북을 잘못 연결하거나 노트북을 변경하려면 Unlink Notebook을 이용합니다. 첫 화면에서 [설정] 버튼 을 눌러 나타나는 팝업 화면에서 [Dismiss]를 선택하면 Xing과 노트북의 연결을 끊거나 에버노트 계정을 Xing과 해제할 수 있는 메뉴가 나타납니다. 노트북을 정리하여 노트가 다른 노트북으로 옮겨지거나 잘못된 노트북을 연결했다면 연결 해제한 후 Xing과 재연결할 수 있습니다. 노트북 연결을 해제하려면 [Unlin Notebook], 에버노트 계정 인증을 해제하려면 [Logout]을 선택합니다.

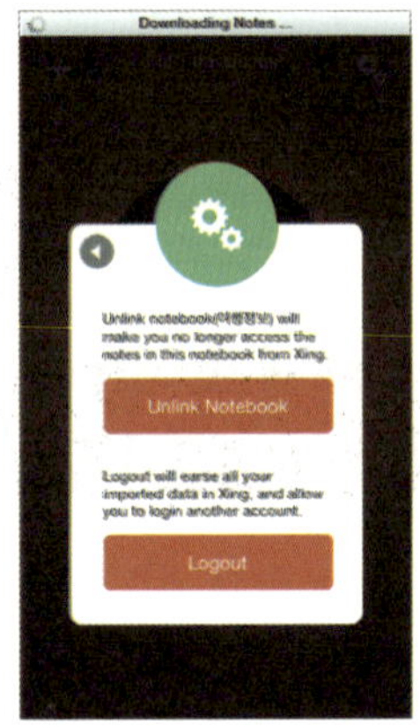

05

뉴스 & 읽을거리 :
뉴스와 소식들도 에버노트에 저장하세요.

효율적인 정보 수집 관리를 위해 실제 에버노트 사용자들은 어떤 뉴스 & 읽을거리 애플리케이션을 사용하는지 살펴볼까요? 에버노트처럼 플랫폼 제한 없이 사용할 수 있는 장점 때문인지 웹페이지를 수집하고 나중에 볼 수 있는 Pocket을 안드로이드, 아이폰 사용자 모두 가장 많이 사용하고 있습니다. 실제 뉴스 & 리더 애플리케이션들을 어떻게 사용하고 에버노트와 연동되는지 자세히 살펴보겠습니다.

Pocket –
일단 저장하고 나중에 편하게 보세요!

Pocket은 관심 있는 기사나 동영상, 이미지, 웹 페이지 등을 일단 저장해두고 스마트폰, 태블릿, 데스크톱 등에서 언제라도 읽고 싶을 때 찾아 읽을 수 있도록 도와주는 애플리케이션입니다. Pocket은 자동으로 웹 콘텐츠를 동기화하기 때문에 인터넷 연결 없이도 저장된 콘텐츠를 구독할 수 있습니다.

[이런 경우 사용하세요!]

- 언제 어디서든지 쉽게 콘텐츠를 저장하고 나중에 편하게 보고 싶을 때
- The Times, ESPN 등 여러 뉴스 사이트의 콘텐츠를 하나의 애플리케이션으로 구독하고 싶을 때

01　Pocket을 사용하려면 먼저 Pocket에서 읽을 콘텐츠를 수집해야 합니다. Pocket은 웹브라우저, 이메일, 트위터 등 300개 이상의 애플리케이션을 통해서 콘텐츠를 저장할 수 있습니다. 먼저 데스크톱 웹 브라우저에서 저장하는 방법에 대해 알아보겠습니다. 데스크톱 브라우저에서 http://getpocket.com에 접속한 후 [Save For Later] 섹션 [Ways to Pocket]에서 [Your Web Browser]를 선택합니다.

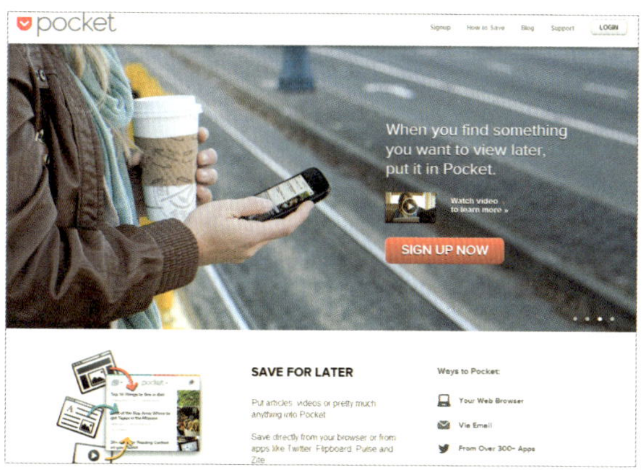

02　기본적으로 파이어폭스(FireFox), 크롬(Chrome)에서 익스텐션(Extension)을 통해 설치가 가능합니다. 인터넷 익스플로러나 Mac의 사파리 브라우저에서는 즐겨찾기에 추가되는 북마크릿(Bookmarklet)을 통해 이용할 수 있습니다. [Install] 버튼을 눌러 설치합니다.

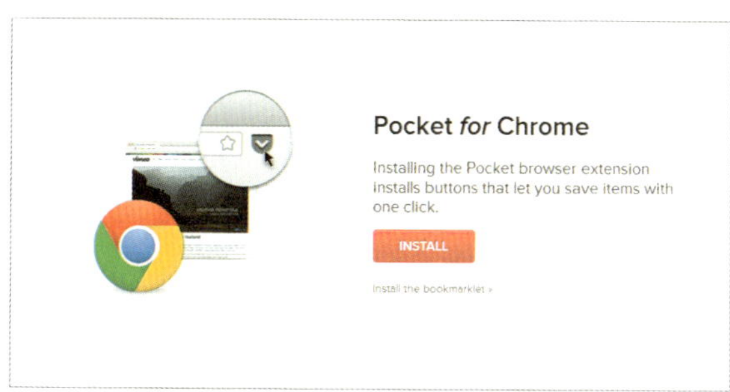

03 설치가 완료되면 주소창 오른쪽의 익스텐션 아이콘 창에 Pocket 아이콘을 누릅니다. 콘텐츠를 사용하는 스마트폰, 태블릿과 동기화하려면 Pocket 계정이 필요합니다. [Creat an Account]를 눌러 계정을 생성합니다. 이미 계정이 있다면 [아이디], [비밀번호]를 입력한 후 [LOG IN]을 눌러주면 웹브라우저에서 Pocket으로 콘텐츠를 저장하기 위한 모든 준비가 완료됩니다.

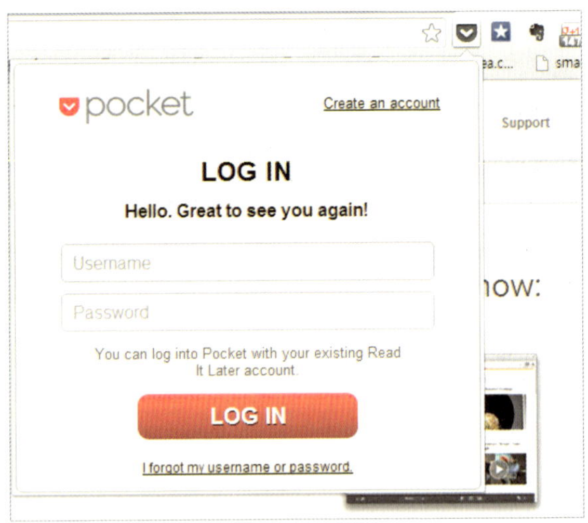

04 이제 웹서핑 중 저장하고 싶은 콘텐츠가 있다면 Pocket 버튼을 누릅니다. 자동으로 Pocket과 동기화됩니다.

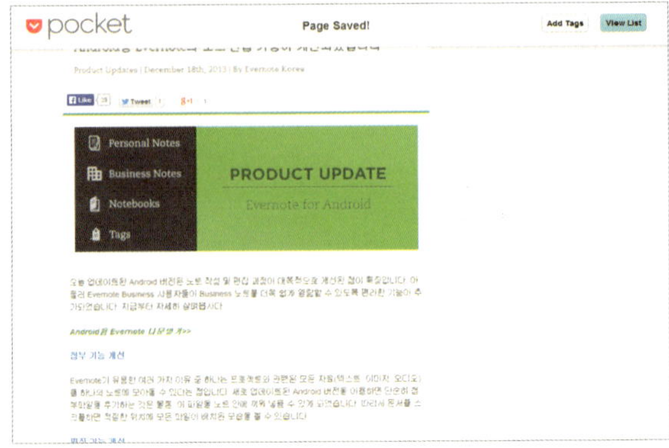

05　이제 저장된 콘텐츠를 스마트폰에서 읽기 위해 Pocket을 설치한 후 실행합니다. 그리고 전 과정에서 만든 아이디와 비밀번호를 입력하여 Pocket에 로그인합니다. 로그인이 완료되면 여러 경로를 통해 Pocket에 저장된 콘텐츠 목록이 화면에 표시됩니다. 자세한 내용을 보려면 보고 싶은 항목을 선택합니다.

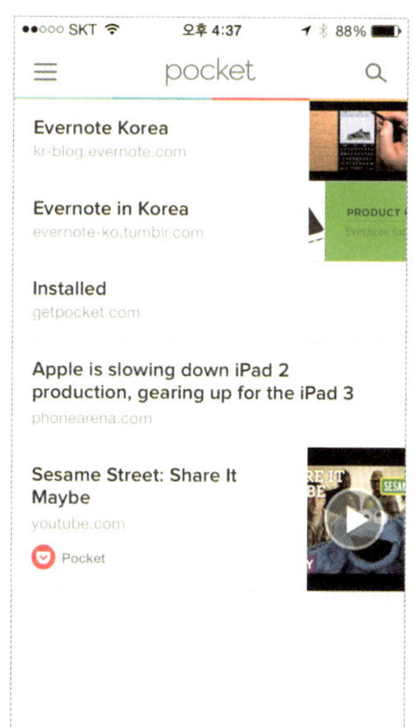

06　Pocket은 저장된 페이지를 이미지 없이 텍스트로만 구성하여 읽기 편한 [Articel Veiw]로 콘텐츠를 표시합니다. 원본 웹페이지를 보고 싶다면 상단에서 [Swithc To Web View]를 누릅니다.

• [Article View]

• [Web View]

07 저장된 콘텐츠를 다 읽고 난 후에는 [보관] 버튼 ✓ 을 눌러 [Archive] 폴더로 이동시켜 리스트에서 삭제할 수 있습니다. 또 공유 버튼을 눌러 트위터, 페이스북, 에버노트, 사파리 등 다른 애플리케이션으로 공유할 수 있습니다.

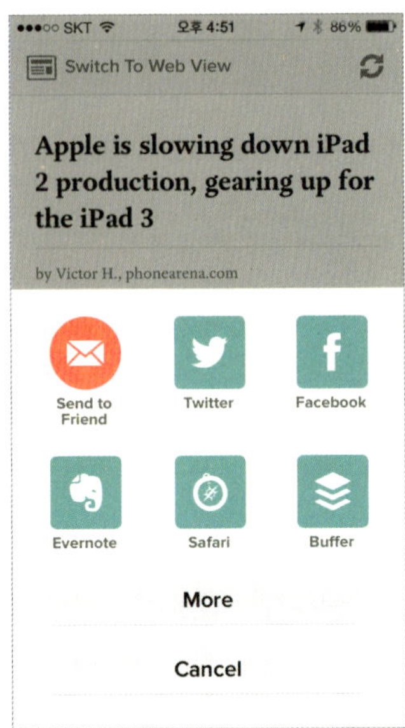

[이런 작업도 가능해요!]

- Article, Video, image 분류 외에 각 콘텐츠마다 태그를 부여해서 특정 주제로 정리된 리스트를 만들 수 있습니다.
- [Send to Friend] 기능을 통해 공유된 콘텐츠는 [inbox]에 저장됩니다.
- Pocket에 저장된 콘텐츠가 충분히 많아지면 하이라이트 기능을 통해 최적의 콘텐츠를 분류해서 보여줍니다.

Reeder 2 –
RSS feed를 편하게 구독하세요!

Reeder는 Feedbin, Feedly, Feed Wrangler, Fever 등을 통해 구독 중인 RSS Feed를 스마트 기기에서 편리하게 구독해 볼 수 있도록 도와주는 클라이언트 애플리케이션입니다. 제스처 기능을 통해 콘텐츠를 쉽게 즐겨찾기하고 읽음 상태로 전환할 수 있습니다. 또 관심 있는 콘텐츠를 에버노트, Readability, Pocket, 이메일, 메시지 등 다양한 서비스로 공유할 수 있습니다.

[지원 기기] iPhone, iPad

[유료] iPhone, iPad $4.99

[다운로드]

iPhone/iPad

[이런 경우 사용하세요!]

- RSS Feed를 체계적으로 구독 및 관리하고 싶을 때
- 구독한 콘텐츠를 편하게 보고 쉽게 공유하고 싶을 때

01 Reeder를 사용하려면 RSS Feed를 관리해주는 웹서비스 계정이 필요합니다. Reeder는 Feedbin, Feedly, Feed Wrangler, Fever 등 총 4개의 웹서비스를 기본으로 지원합니다. 가입한 웹서비스가 없다면 맘에 드는 서비스 중 하나를 웹사이트를 통해 가입합니다.

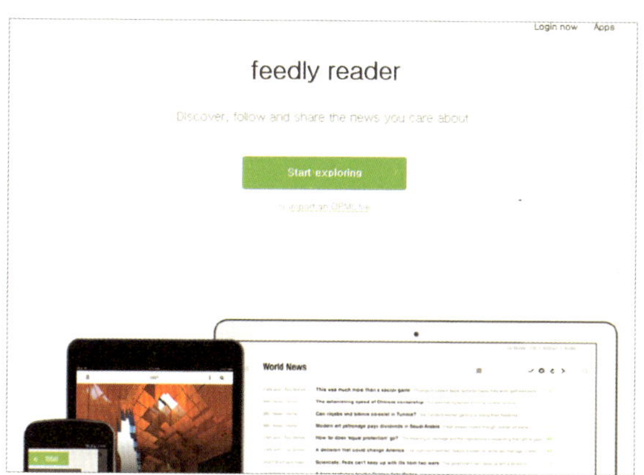

RSS란?

RSS(Really Simple Syndication)는 웹사이트 접속 없이도 업데이트된 콘텐츠를 구독 및 배포하는 Xml 규격의 콘텐츠 표현 방식입니다. Feedbin, Feedly, Feed Wrangler, Fever과 같은 웹서비스를 통해 구독하거나 직접 애플리케이션을 설치해 이용할 수 있습니다. 뉴스 사이트나 블로그 등 콘텐츠가 자주 업데이트되는 사이트 등은 대부분 RSS 기능을 지원하고 있어 RSS Feed 주소만 등록해 놓으면 업데이트된 정보를 사이트 접속 없이도 확인할 수 있습니다.

02 Reeder를 설치한 후 실행하면 아직 등록된 Feed 서비스 계정이 없기 때문에 콘텐츠가 표시되지 않습니다. 새로운 계정을 추가하기 위해 ➕을 누릅니다.

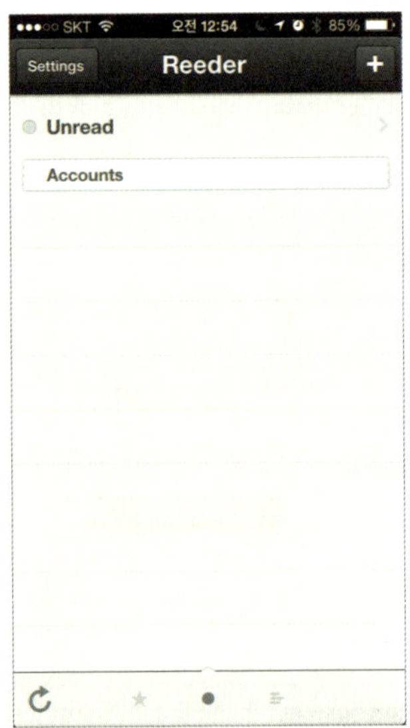

03 Reeder는 Feedbin, Feedly, Feed Wrangler, Fever 서비스를 지원하며 피드를 사용자가 읽기 편하도록 전환해주는 Readablity 서비스도 계정 등록할 수 있습니다. 계정을 만든 서비스를 선택한 후 아이디, 비밀번호를 입력하여 계정을 Reeder와 연결합니다.

04 정상적으로 연결되면 계정 세부 설정에서는 Reeder 애플리케이션이 Feed를
어떻게 처리하고 표시할지에 대해 변경할 수 있습니다. [Description]에는 feed의
이름이나 여러 개의 계정을 사용할 경우 Feed가 어떤 종류인지 작성하는 것이 좋
습니다. 모든 설정이 완료되면 [Done]을 눌러 설정을 종료합니다.

05 미리 등록해 놓은 RSS 사이트가 있다면 읽지 않은 콘텐츠를 자동으로 Reeder
가 다운로드해 목록에 표시합니다. 등록해 놓은 사이트가 없다면 ⊞ 버튼을 누릅
니다.

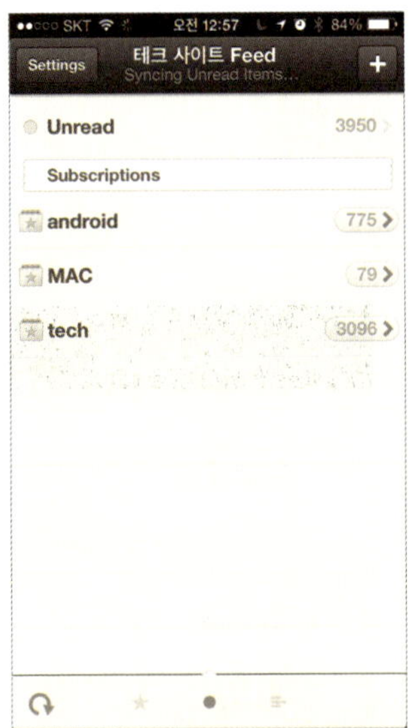

06 RSS 주소를 알고 있다면 주소를 입력합니다. RSS 주소를 모르거나 RSS를 지원하는지 모를 경우 해당 사이트의 주소를 입력합니다. RSS를 지원하는 경우 자동으로 Reeder가 RSS 주소를 찾아 등록합니다. 필자는 에버노트의 새로운 소식을 빠르게 구독하기 위해 [에버노트 코리아 블로그: http://kr-blog.evenote.com]를 등록했습니다. 주소를 입력하고 [ADD]를 누릅니다.

07 Reeder가 에버노트 코리아 블로그의 RSS 주소를 자동으로 찾아와 표시합니다. RSS 사이트가 많아지면 주제별로 정리하는 것이 좋습니다. 주제별로 폴더나 태그를 붙여 관리하고 싶다면 [New Folder]를 누릅니다.

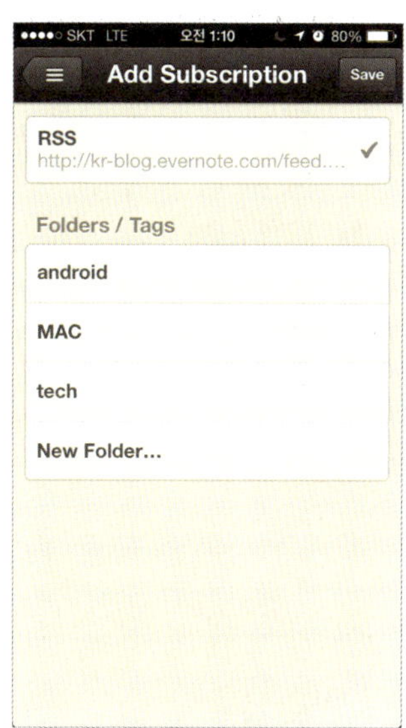

08 폴더명을 'Evernote'로 입력하고 폴더 생성을 위해 [Create]를 누릅니다.

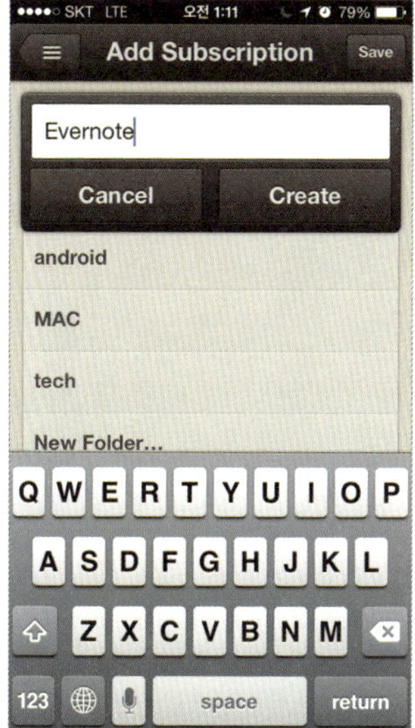

09　콘텐츠 리스트에 [Evernote] 폴더가 새로 생성되고 폴더명 오른쪽에 숫자 7이 표시되는 것을 확인할 수 있습니다. 숫자는 읽지 않은 콘텐츠의 개수를 나타냅니다. 각 사이트의 콘텐츠를 자세히 보려면 폴더명을 누릅니다.

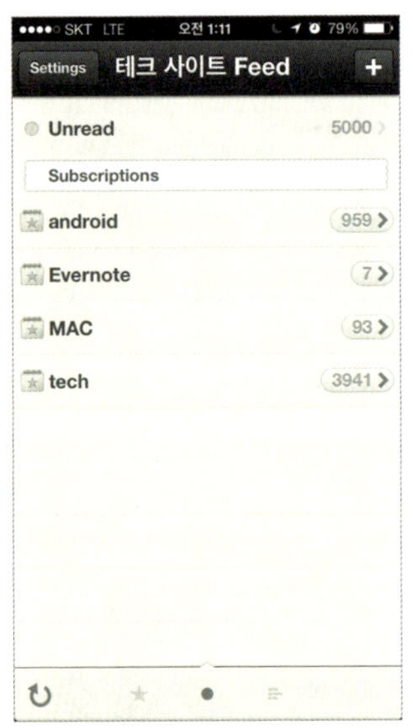

10　각 분류 폴더별 리스트는 총 3개의 페이지로 구성되며 화면 하단의 아이콘 모양을 통해 구분할 수 있습니다.　★ 모양 아이콘은 즐겨찾기로 지정한 글 목록을 표시합니다.　● 아이콘은 읽지 않은 글 목록으로 구성되어 있습니다. 마지막으로 ≡ 아이콘은 폴더 내 등록된 모든 사이트의 RSS 글 목록을 표시합니다. 글을 자세히 보려면 글 제목을 누릅니다.

11 글 자세히 보기에서는 실제 브라우저에서 글을 보는 것처럼 콘텐츠가 표시됩니다. 마음에 드는 글은 ☆ 버튼을 눌러 나중에 즐겨찾기 페이지에서 모아 볼 수 있습니다. 또 다른 친구들과 글을 같이 보고 싶다면 하단 툴 바에서 [공유] 버튼 을 누릅니다.

12 공유하기는 클립보드 복사, 사파리에서 열기, 메시지로 보내기 등 기본적인 공유 방법 외에 여러 웹서비스를 통해서, 링크 보내기를 통해서 친구들과 글을 공유할 수 있습니다.

> **TIP**
>
> ### 모든 글을 읽은 상태로 변경하기
>
> 한 번에 모든 글을 읽은 상태로 변경하려면 [Mark All as Read] 기능을 이용합니다. 한동안 Reeder를 사용하지 않아 읽지 않은 글이 너무 많다면 글 목록에서 [모두 읽음 표시] 버튼 ✔ 을 누른 후 팝업 메뉴에서 [Mark All as Read]를 선택합니다. 목록에 있는 글이 모두 읽은 상태로 전환됩니다.
>
> 
>
>

[이런 작업도 가능해요!]

- 사이트 RSS 주소를 관리해주는 웹서비스를 이용하지 않고 직접 Reeder에 RSS 주소를 등록하여 구독할 수 있습니다.
- Readablility 앱 계정을 설정하면 보기 편한 모드로 전환하거나 선택한 글을 나중에 Readability를 통해 읽을 수 있습니다.

Foxit Reader(Windwos) – 완벽한 PDF 리더 애플리케이션

Foxit Reader는 무료로 사용할 수 있는 윈도우용 PDF 리더 애플리케이션입니다. 다른 PDF 리더와 달리 가볍고 빠르게 구동될 뿐만 아니라 주석달기, 전자서명, 인쇄 기능 등 기본적인 부가 기능을 충실하게 지원합니다. 또 경쟁 애플리케이션에서는 유료로 제공하는 오피스 파일, 이미지, 텍스트 등 다른 포맷의 문서로부터 PDF 파일의 생성도 무료로 이용할 수 있습니다.

[지원 기기] Windows

[무료]

[다운로드] http://appcenter.evernote.com/ko/app/foxit-reader/windows

[이런 경우 사용하세요!]

- 다양한 부가 기능을 지원하는 무료 PDF 리더가 필요할 때
- 오피스 문서, 이미지, 텍스트 문서를 PDF 문서로 변환하는 작업이 필요할 때
- 전자서명 등 보안 기능이 필요한 PDF 문서 제작 및 배포가 필요할 때

01   Foxit Reader는 제작사 사이트를 통해 무료로 다운받거나 에버노트 Appcenter에서 [Foxit Reader]를 검색한 후 다운받아 설치할 수 있습니다.

02   기본적으로 영어로 설치되지만 언어 설정에서 [한글]을 선택할 수 있습니다. 언어를 한국어로 변경하기 위해 [File] 메뉴를 실행한 후 [Preferences]를 누릅니다.

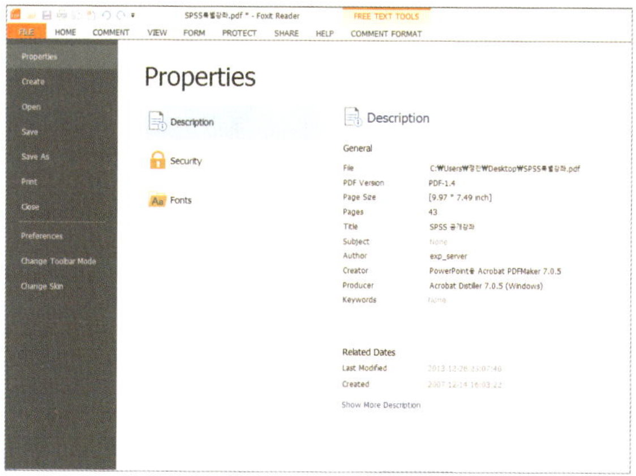

03   여러 설정 목록 중 [Languages] 항목을 선택하고 [Choose Custom Language]를 누른 후 여러 언어 목록 중에서 [Korean]을 선택합니다.

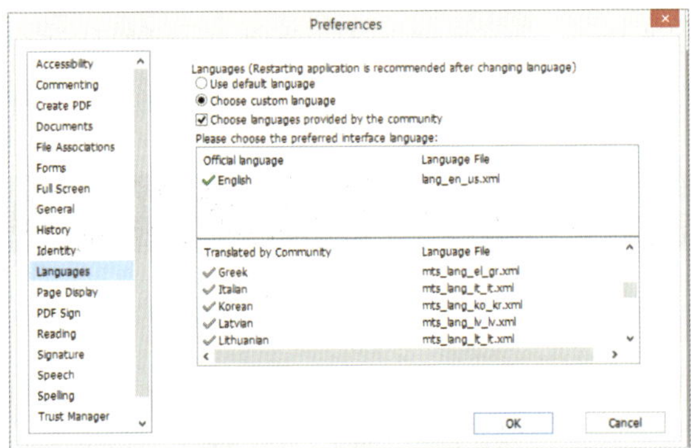

04 한글 언어팩은 기본으로 설치되어 있지 않기 때문에 Foxit Reader가 서버에서 설치 파일을 다운받아 설정을 자동으로 변경합니다. 한글 언어팩이 설치 완료되면 Foxit Reader의 메뉴의 각 세부 항목들이 한글로 변경된 것을 확인할 수 있습니다(일부 영어 메뉴가 그대로 유지됩니다).

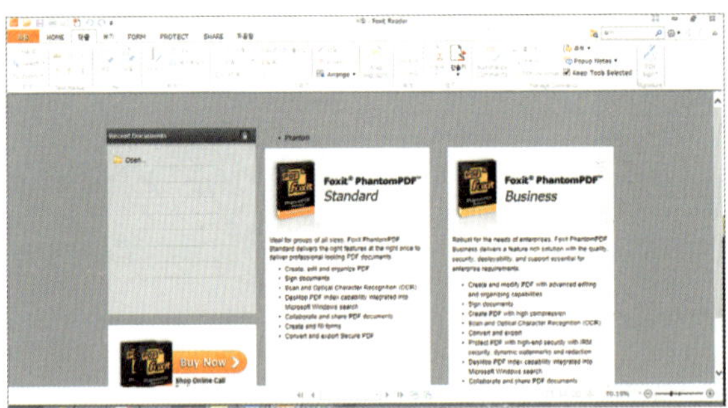

05 새로운 PDF 문서를 전체 불러오려면 [파일]을 누른 후 [Open] 메뉴를 열어 파일 목록에서 PDF 파일을 선택합니다.

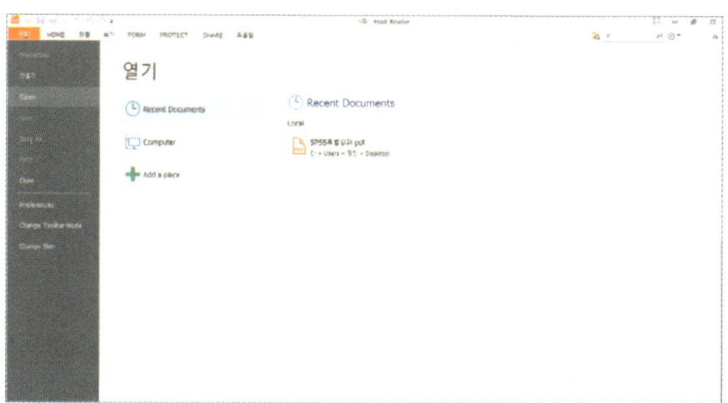

06 Foxit Reader는 PDF 문서 위에 댓글 메뉴를 통해 새로운 텍스트를 추가하거나 도형 추가, 하이라이트 넣기, 밑줄 긋기, 편집 기호 넣기 등 다양한 편집 기능을 이용할 수 있습니다.

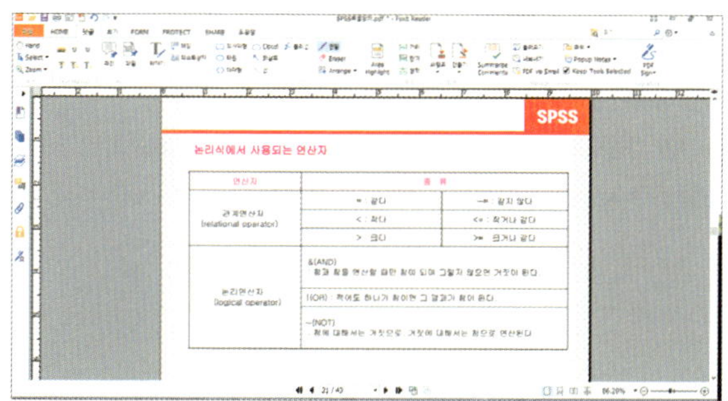

07 편집이 완료된 PDF 문서는 이메일, 페이스북, 에버노트를 통해 다른 사람과 공유할 수 있습니다. 에버노트로 문서를 공유해 새로운 노트를 만들려면 [Share] 메뉴에서 [Evernote]를 선택합니다.

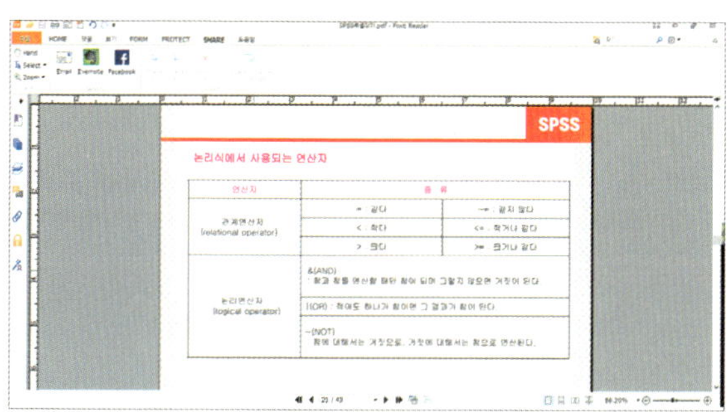

> **TIP**
>
> ### 문서를 편하게 읽는 방법
>
> 보기 메뉴의 다양한 옵션을 이용하면 PDF 문서를 더 편하게 읽을 수 있습니다. Foxit Reader는 다양한 부가 기능 지원 때문에 일반적인 PDF 읽기 전용 애플리케이션보다 복잡한 메뉴 구성을 가지고 있습니다. [보기] 메뉴의 [Reader Mode], [텍스트 뷰어], [음성 읽기] 기능을 이용하면 좀 더 쾌적한 문서 읽기가 가능합니다.
>
> 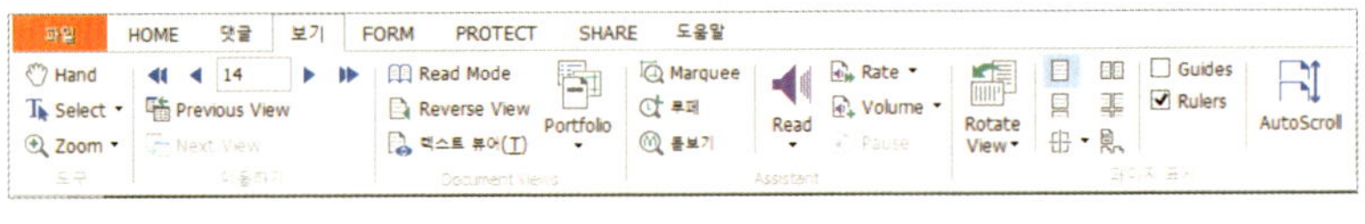

[이런 작업도 가능해요!]

- 오피스 문서, 이미지, 텍스트 포맷 문서를 PDF 문서로 전환할 수 있습니다.
- PDF 문서에 새로운 텍스트를 추가하거나 주석, 메모 입력이 가능합니다.
- SharePoint 기능을 이용한 협업 기능을 이용할 수 있습니다.
- 전자 서명과 자체 보안 기능으로 보안이 필요한 문서도 안전하게 제작 및 배포할 수 있습니다.
- 문서 읽기 기능(한글 음성 지원)을 지원하여 문서를 읽을 수 없는 이동 중이라도 내용을 확인할 수 있습니다.

News360 –
구독자가 관심 있는 뉴스를 자동으로 배달

News360은 구독자의 성향을 파악해 가장 관심 있어 할 만한 뉴스나 블로그 포스팅을 인터넷에서 찾아 배달해주는 애플리케이션입니다. 또 GPS를 이용한 사용자의 위치를 파악해 지역과 관련된 뉴스도 찾아 볼 수 있습니다. 웹에서 보기, 리더 보기 등 다양한 읽기 모드를 지원하고 기사를 에버노트로 공유한 후 나중에 읽을 수 있도록 노트에 저장할 수도 있습니다.

[지원 기기] iPhone, iPad, Android

[유료] iPhone $3.99, iPad $4.99

[다운로드]

iPhone　　　　　　iPad　　　　　　Android

[이런 경우 사용하세요!]

- 관심 있는 주제의 뉴스만 선택적으로 구독하고 싶을 때
- 태그를 이용해 특정 키워드의 뉴스를 정리해서 보고 싶을 때
- 같은 뉴스를 여러 매체를 통해 비교해서 보고 싶을 때

01 News360을 설치한 후 실행하면 구독자가 선호하는 맞춤뉴스 제공을 위해 필요한 설정 과정이 진행됩니다. 먼저 페이스북, 구글 플러스, 트위터 등 계정 중 하나를 선택해서 입력해야 합니다. 계정이 없거나 사용하지 않기를 원하면 이 단계를 건너 뛸 수 있습니다.

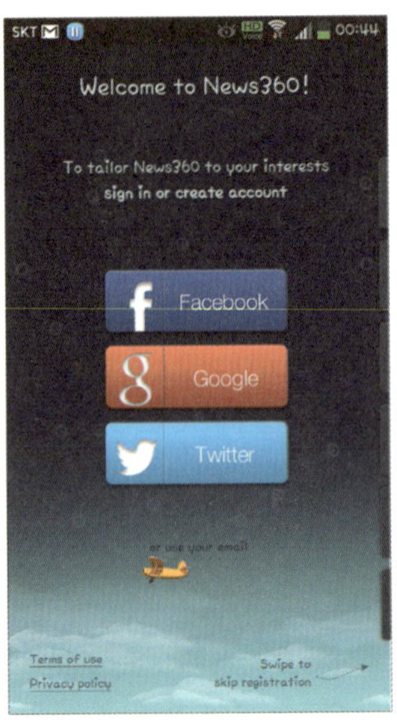

02 두 번째 단계에서는 선호하는 주제를 선택할 수 있습니다. 관심 있는 주제가 있다면 [추가] 버튼 ➕ 을 누릅니다.

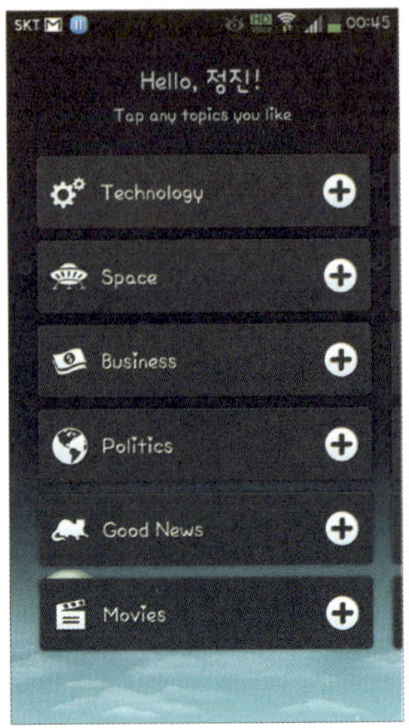

03 첫 번째 단계에서 페이스북, 트위터, 구글 플러스 등 SNS 계정 중 하나에 로그
인했다면 SNS 서비스의 구독 중인 팔로어나 페이지를 분석해 사용자가 관심 있어
할 만한 주제를 제시합니다. 마찬가지로 관심 있는 항목에 [추가] 버튼 ➕을 누릅
니다.

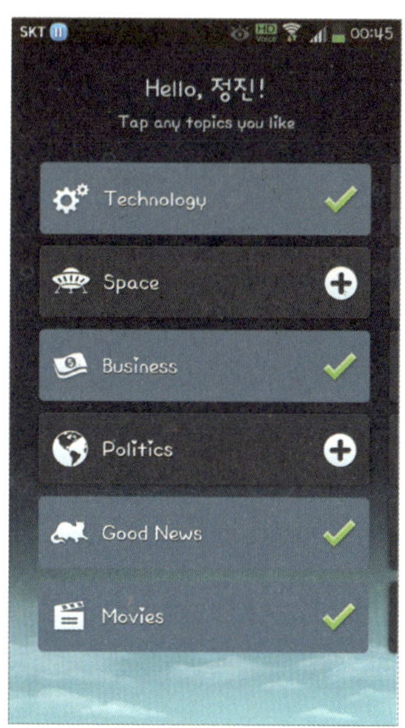

04 설정 과정이 종료되면 News360이 자동으로 뉴스를 생성하여 보여줍니다. 관
심이 없는 주제의 뉴스라면 화면을 아래로 스크롤한 후 [싫어요] 버튼 ▣을 눌러
해당 키워드의 뉴스의 비중을 감소시키거나 [Mute Source] 버튼 ◉을 눌러 완전
배제할 수도 있습니다. 반대로 흥미 있는 주제라면 [좋아요] 버튼 ▣을 눌러 관련
뉴스의 비중을 높일 수도 있습니다. 뉴스를 자세히 보려면 제목이나 사진을 누릅
니다.

05 기사 본문은 화면에 최적화되어 표시되며 원 출처 사이트의 그대로 보기를 원한다면 기사 하단의 [Web View] 버튼을 눌러 사이트로 이동할 수 있습니다. 반대로 읽기에 최적화된 보기를 원한다면 [Reader] 버튼을 눌러 읽기 모드로 전환할 수 있습니다.

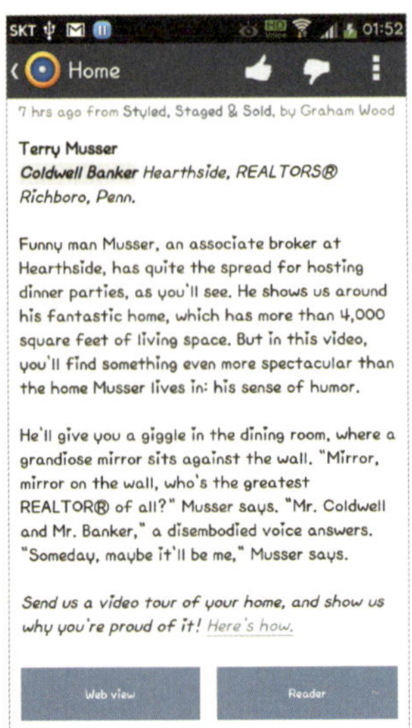

06 각 기사 본문 텍스트 상단에는 뉴스의 출처와 대표 키워드를 표시합니다. 관심 있는 키워드를 누르면 그 키워드에 해당하는 뉴스만 정리해서 볼 수도 있습니다.

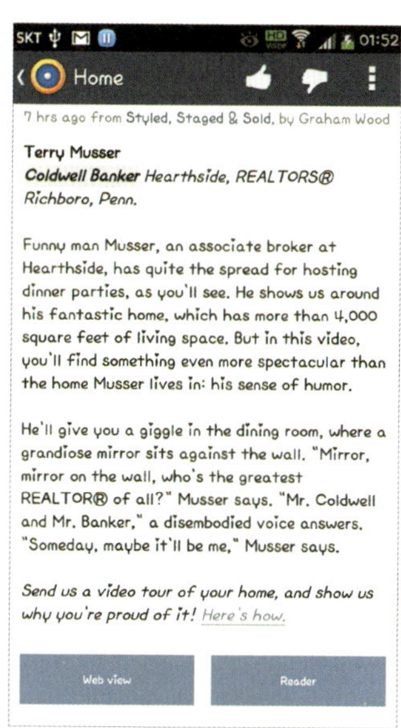

• [Real Estate와 관련된 뉴스 보기]

07 뉴스를 에버노트로 보내 나중에 찾아 읽고 싶다면 [공유] 버튼 을 누른 후 공유 목록에서 에버노트를 선택하면 에버노트에 기사 제목과 주소 링크가 포함된 새로운 노트가 생성됩니다.

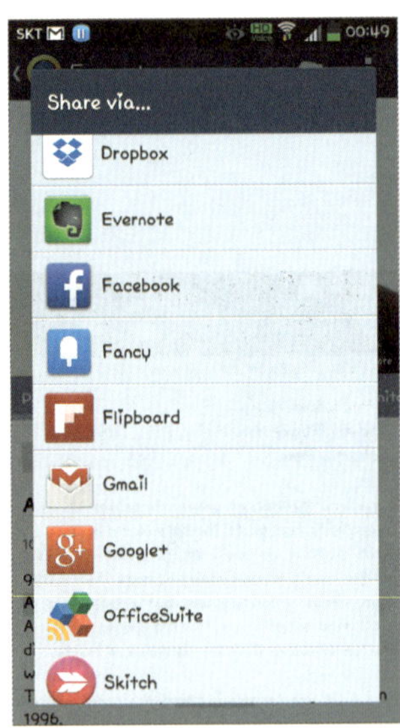

[이런 작업도 가능해요!]

- 하나의 뉴스 기사에 여러 출처 소스가 있는 경우 각 매체명을 클릭하면 한 가지 뉴스에 대한 여러 매체의 다양한 기사를 비교해서 읽어 볼 수 있습니다.
- GPS로 현재 위치를 찾아 지역 관련 뉴스만 구독할 수 있습니다.

Umano –
웹페이지를 귀로 듣고 영어 공부도 하고!

Umano는 유명 뉴스 웹사이트의 기사를 음성으로 읽어주는 새로운 형태의 뉴스 서비스입니다.
신문, 잡지, 블로그의 기사를 TTS 서비스가 아닌 실제 성우들이 기사를 음성으로 읽어줍니다.

[지원 기기] iPhone, Android

[무료]

[다운로드]

iPhone   Android

[이런 경우 사용하세요!]

- 해외 뉴스에 관심 있는 사용자
- 운전 등 스마트폰을 사용하지 못하는 경우 음성으로 뉴스를 듣고 싶을 때
- 영어 공부를 위한 스크립트와 음성 파일이 필요할 때

01 Umano의 모든 기능을 이용하려면 계정을 만들어야 합니다. 계정이 없는 상태로 사용하면 재생 목록이나 좋아하는 기사 목록을 관리할 수 없습니다. 페이스북 계정이 있다면 Umano와 계정 연결을 통해 별도의 가입 없이 페이스북 계정을 이용해 사용할 수도 있습니다.

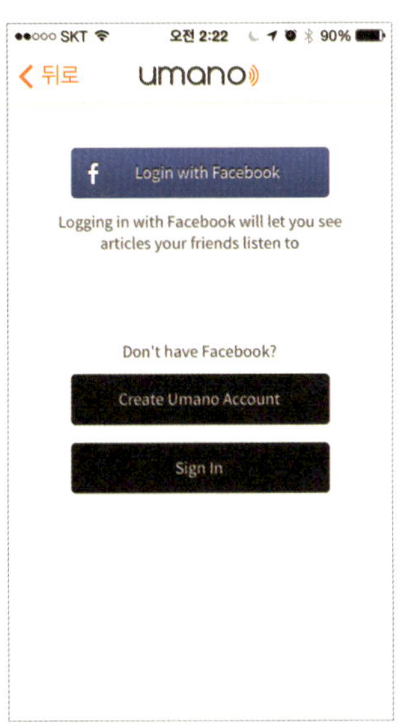

02 계정을 생성한 후 Umano에 로그인하면 관심 있는 주제 설정 화면이 나타납니다. 흥미 있는 주제를 선택한 후 [Done]을 눌러 설정을 종료합니다.

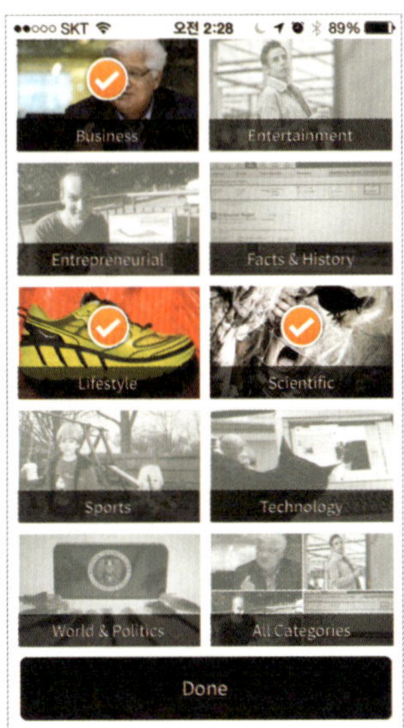

03 설정이 완료되면 주제별로 정리된 뉴스 목록이 나타납니다. 듣고 싶은 뉴스 기사를 선택합니다. 재생 목록을 만들어 나중에 순서대로 듣고 싶다면 듣고 싶은 기사 목록 우측에 [재생 목록에 추가] 버튼 ⊕을 누릅니다.

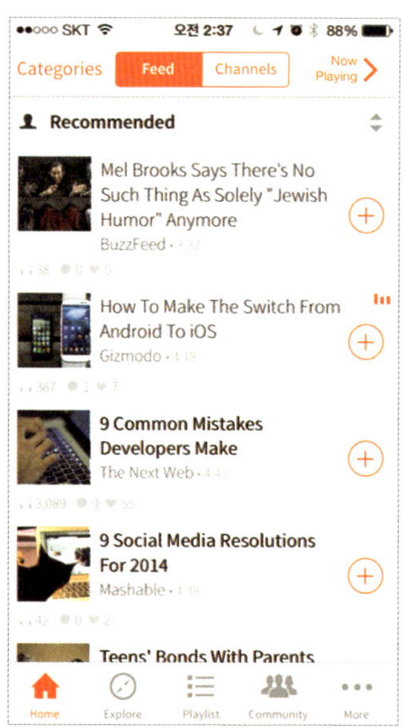

04 기사가 선택되면 녹음된 음성 파일이 자동으로 재생됩니다. [Subscribe] 버튼을 눌러 해당 채널을 구독하거나 [comment] 버튼을 눌러 의견을 남기고 [Like] 버튼을 눌러 등록한 SNS 서비스에 Umano 기사를 공유할 수 있습니다.

05 기사의 원문 텍스트와 함께 음성을 듣고 싶다면 [웹사이트보기] 버튼 을 누르면 기사의 원 출처 사이트로 이동하여 텍스트를 확인할 수 있습니다.

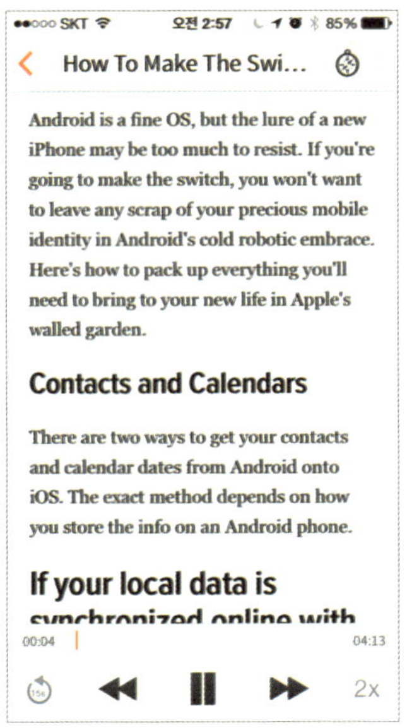

06 에버노트의 기사를 저장에 나중에 듣고 싶다면 상단 툴 바에서 [공유] 버튼 을 누른 후 공유 목록에서 에버노트를 선택합니다. 저장하기 원하는 노트북을 지정하면 자동으로 노트가 생성됩니다.

> **TIP**
>
> ### 빠른 재생 활용하기
>
> 15초 앞으로 이동과 2배 빠른 재생 기능을 이용해서 Umano의 활용도를 높일 수 있습니다.
>
> 영어 학습 기능을 위해 Umano를 사용한다면 재생 화면에서 [15초 앞으로 이동] 버튼 을 눌러 음성을 반복 청취할 수 있습니다. 또 [2배속재생] 버튼 2x 을 눌러 더 빠르게 음성을 재생할 수 있어 더 많은 기사를 청취할 수 있습니다.

Umano 활동 통계를 이용하세요.

사용자가 Umano를 통해 주로 듣는 사이트나 주제를 순위별로 보여줍니다. 또 어떤 기사를 공유했는지, 최근 어떤 기사를 들었는지 청취 히스토리를 확인할 수 있습니다.

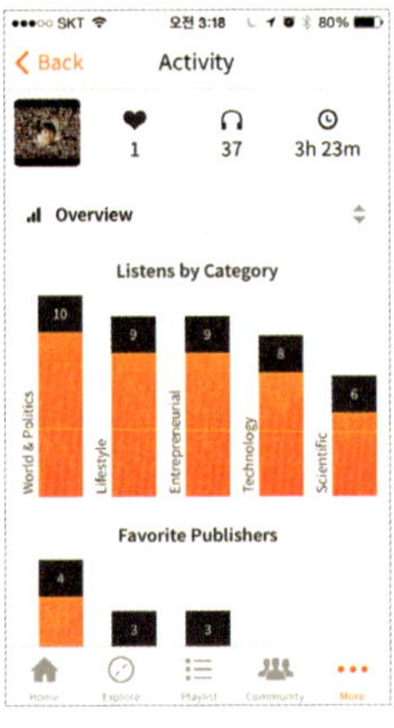

[이런 작업도 가능해요!]

- [Explore] 탭에서 검색 기능을 통해 원하는 주제에 관련된 기사의 음성 파일만 청취할 수 있습니다.
- 기사에서 구독(Subscribe)된 채널의 특정 사이트의 기사만 재생할 수 있습니다.
- 친구를 Community에 초대해서 기사에 대한 토론을 할 수 있습니다.
- 월 $3.99, 연 $23.99의 프리미엄 서비스에 가입하면 뉴스 헤드라인을 요약한 프리미엄 콘텐츠, 오프라인 저장 기능, 재생 목록 무한대 생성 등의 부가 기능을 사용할 수 있습니다.

06

페이퍼리스 :
종이 없는 업무환경을 만들자.

실제로 많은 에버노트 유저들이 명함, 영수증, 노트 필기를 다양한 페이퍼리스 애플리케이션을 이용해서 노트에 저장한 후 에버노트에서 검색하는 방법으로 활용하고 있습니다. 그럼 어떤 페이퍼리스 애플리케이션을 많이 사용하고 있는지 알아볼까요?

CamScanner+
– 스캔한 문서를 바로 편집하기

CamScanner는 아이폰을 휴대용 스캐너로 사용할 수 있도록 만들어주는 애플리케이션입니다. 문서, 영수증, 노트, 칠판, 명함을 카메라로 찍으면 CamScaaner가 자동으로 이미지를 자르고 조절하고 텍스트는 읽기 쉽도록 전환합니다. 그리고 만들어진 문서는 PDF 포맷으로 에버노트에 저장할 수 있습니다.

[지원 기기] iPhone, Android

[유료] iPhone $4.99 Android ₩5,359

[다운로드]

iPhone

Android

[이런 경우 사용하세요!]

- 종이로 작성된 문서나 필기노트, 명함 등을 에버노트에 저장하고 싶을 때
- 스캔된 문서를 바로 편집하고 PDF로 관리하고 싶을 때
- 암호 기능을 이용해서 스캔된 문서를 안전하게 공유하고 싶을 때

01 CamScanner+를 실행하면 명함, 화이트보드, PPT 등 태그로 분류된 리스트가 나타나는데 스캔한 이미지들은 이곳에 분류되어 보관됩니다. 새로운 문서를 스캔하려면 가운데의 [카메라] 버튼 ◎을 누릅니다.

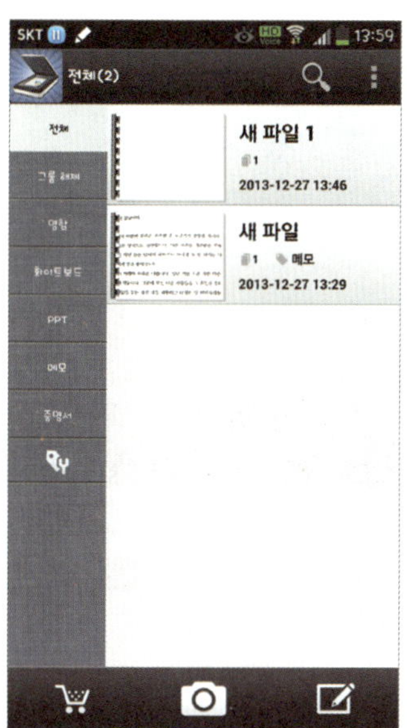

02 문서에 초점을 잘 맞춘 후 [카메라] 버튼 ◉을 눌러 사진을 촬영하면 문서가 스캔됩니다. 여러 장의 문서를 스캔하는 경우에는 툴 바 오른쪽의 [촬영모드] 버튼을 [단일모드] 에서 [일괄처리모드] 로 변경하면 연속으로 스캔이 가능합니다. 또 기존에 촬영된 이미지를 불러와 스캔하려면 [갤러리] 버튼 을 눌러 이미지를 불러 올 수 있습니다.

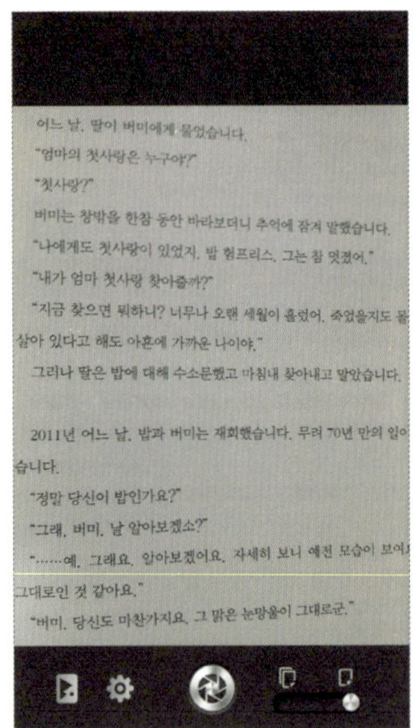

03　촬영된 이미지를 확인한 후 [완료] 버튼 을 눌러 편집 모드로 넘어가거나 [다시촬영] 버튼 을 눌러 문서를 다시 스캔할 수 있습니다.

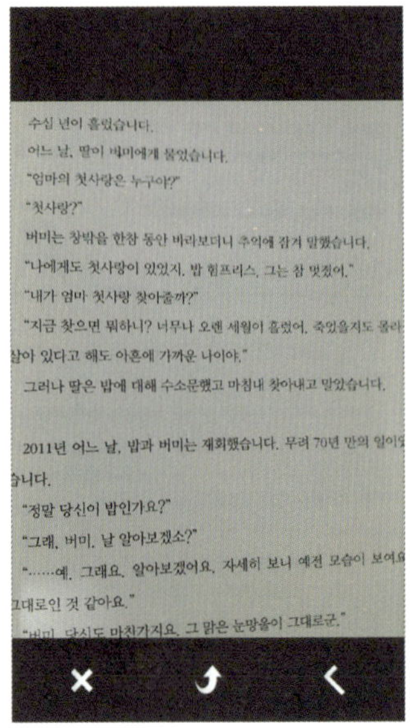

04 CamScanner+가 자동으로 텍스트로 인식한 부위에 네모난 8개의 편집 점이 나타납니다. 문서 모양에 맞게 크기를 잘 맞추고 방향을 조절한 후에 [완료] 버튼 ☑을 누릅니다.

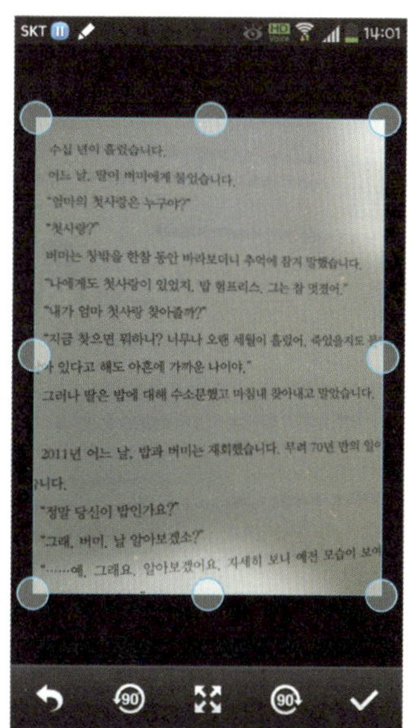

05 마지막으로 문서를 더 정확하게 인식시키기 위한 화질 조정 단계입니다. [단순미화], [심한미화], [회색모드], [흑백모드] 등 미리 설정된 옵션을 사용하거나 하단 툴 바의 [미세조정] 버튼 ⬛을 눌러 [대조], [명도], [세부사항]을 조절할 수 있습니다. 설정을 마친 후 [완료] 버튼 ☑을 누릅니다.

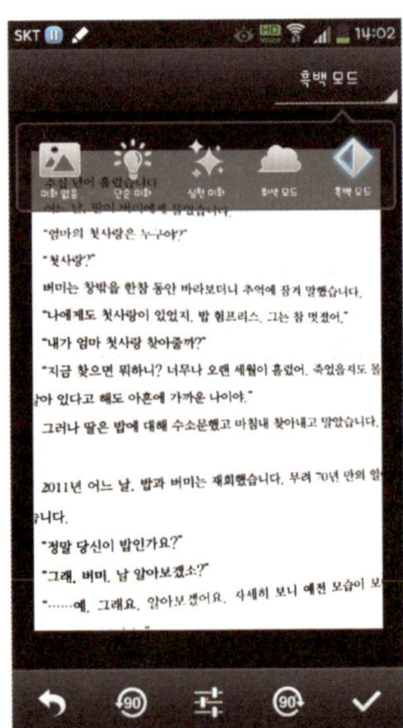

06 스캔이 완료되면 완성된 PDF 파일을 툴 바에서 [편집] 버튼 을 눌러 이름을 변경하거나 [삭제] 버튼 을 눌러 삭제할 수 있습니다.

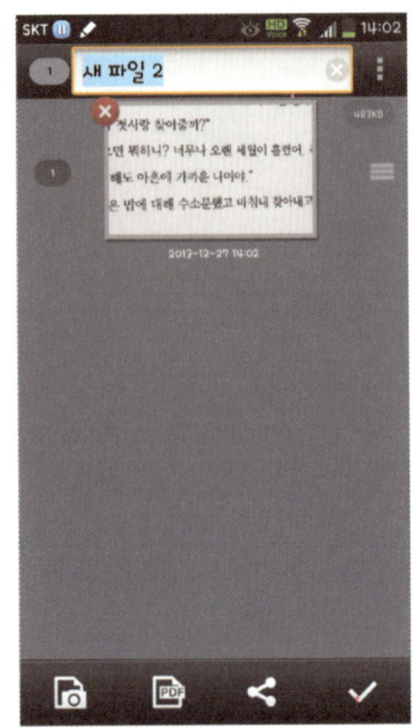

07 우측 메뉴 버튼을 누르면 PDF 페이지 방향, 페이지의 크기, 페이지 여백, 비밀번호 설정, 태그를 설정할 수 있습니다. 문서 정리를 위해 [태그설정] 메뉴를 누릅니다.

08 미리 설정된 태그 중에 하나를 선택한 후 [확인] 버튼을 누릅니다. 원하는 태그가 없다면 [태그관리] 메뉴에서 변경할 수 있습니다.

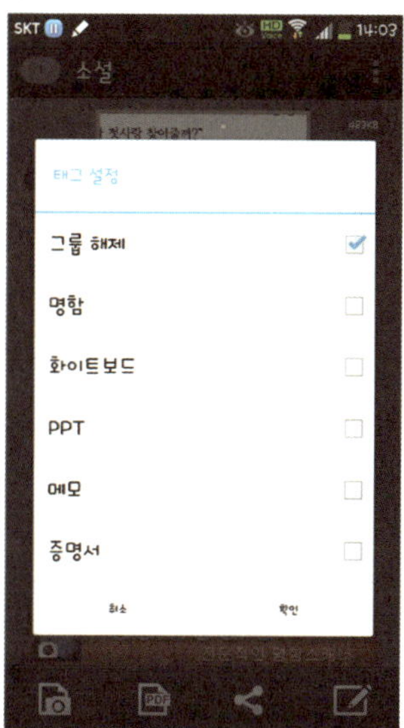

09 모든 설정과 변경이 완료되면 에버노트로 공유하기 위해 하단 툴 바에서 [공유] 버튼 ◁을 선택합니다.

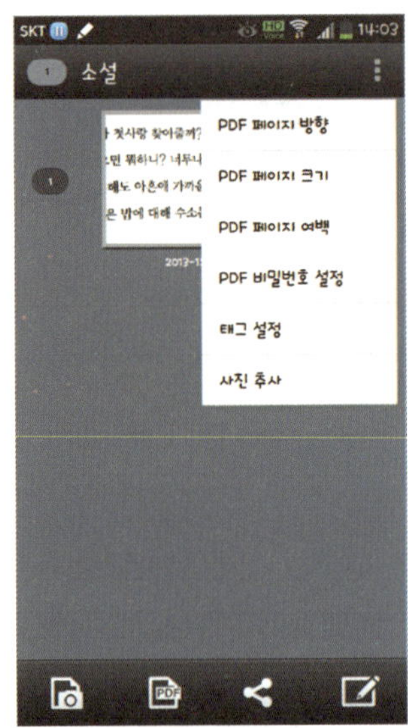

10 문서 공유가 가능한 대상에서 [Evernote - 노트 만들기]를 선택해서 에버노트로 문서를 저장합니다.

TIP

문서를 스캔할 때 촬영 옵션을 활용하세요.

에버노트로 전송한 클리핑 노트는 전송한 후 자동으로 삭제할 수 있습니다. 설정 항목 중 [전송된 클립
삭제]를 켜면 에버노트로 전송된 클리핑 노트를 따로 삭제할 필요 없이 자동으로 삭제됩니다.

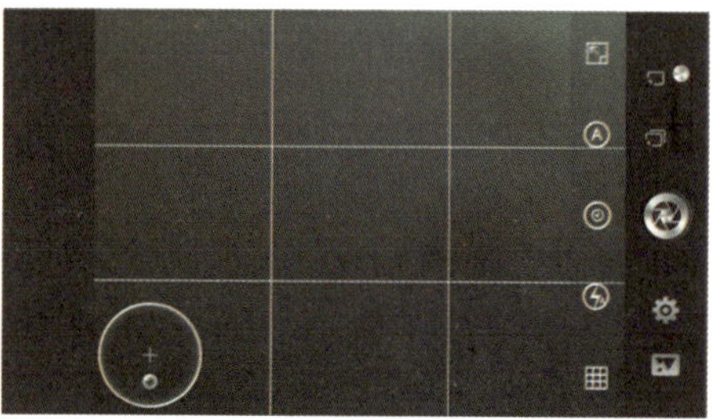

[이런 작업도 가능해요!]

- 스캔한 문서 안에 포함된 텍스트를 인식하여 내보낼 수 있습니다.
- 구글 클라우드 인쇄 기능을 사용하여 스마트폰에서 문서를 바로 출력할 수 있습니다.
- 스캔된 문서를 팩스로 발송할 수 있습니다.

DocScanner – 별다른 설정 없이 빠르게 스캔하기

DocScanner는 사용자가 문서에 맞춰 화면의 크기와 색감을 조절할 필요 없이 문서의 방향과 크기를 인식하여 자동으로 문서에 최적화된 상태로 스캔을 진행합니다. 또 문서의 종류를 스스로 인식하여 스캔한 후 종류에 맞게 분류합니다.

[이런 경우 사용하세요!]

- 화면을 맞추고 여러 옵션을 설정하는 과정 없이 편하게 문서를 스캔하고 싶을 때
- 스캔된 문서를 종류에 맞게 자동으로 분류되는 기능이 필요할 때

01 DocScanner를 실행하면 바로 문서를 스캔할 수 있습니다. DocScanner는 복잡한 설정 없이 문서의 종류의 방향 등을 자동으로 인식합니다. 스캔할 대상에 카메라를 맞추고 [스캔] 버튼 ⬭을 누릅니다. 스캔은 DocScanner가 최적의 스캔 상태가 되면 자동으로 촬영됩니다. 그냥 스캔하고 싶다면 [Force] 버튼 ⬭을 다시 한 번 누릅니다.

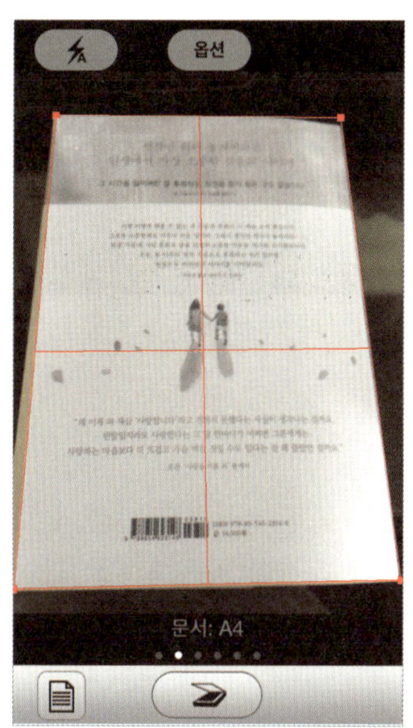

02 스캔이 완료된 문서는 이미지 처리 과정을 거쳐 저장됩니다. 새 문서를 만들거나 기존의 문서에 페이지를 추가할 수 있습니다. 또 바로 스캔한 이미지를 [문서보기] 메뉴를 통해 확인할 수 있습니다. 촬영된 문서 상태 확인을 위해 [문서보기]를 누릅니다.

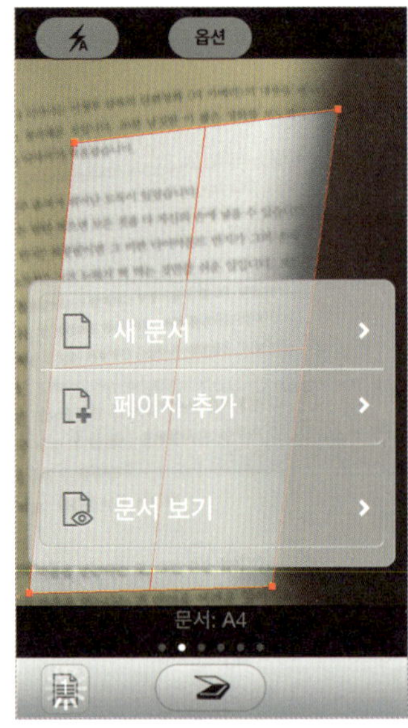

03 [문서보기] 메뉴에서는 스캔된 문서 정보를 편집하고 공유할 수 있습니다. 문서 아래쪽에는 현재 자동으로 공유되고 있는 서비스의 아이콘(에버노트, iCloud)이 표시됩니다. 다른 서비스로 문서를 공유하려면 [페이지 내보내기] 버튼 을 누릅니다.

04 페이지 내보내기에서는 PDF, 보안 PDF, 이미지 파일로 이메일 보내기, 카메라 롤에 저장 등 다양한 방법으로 스캔한 문서를 공유할 수 있습니다.

05 [상세정보] 메뉴에서는 문서의 제목과 범주를 수정할 수 있습니다. 또 PDF 문서 내에 포함된 이미지에서 텍스트를 추출할 수 있는 OCR 기능을 설정할 수 있습니다. OCR 기능을 실행하려면 [선택되지 않음]을 누릅니다.

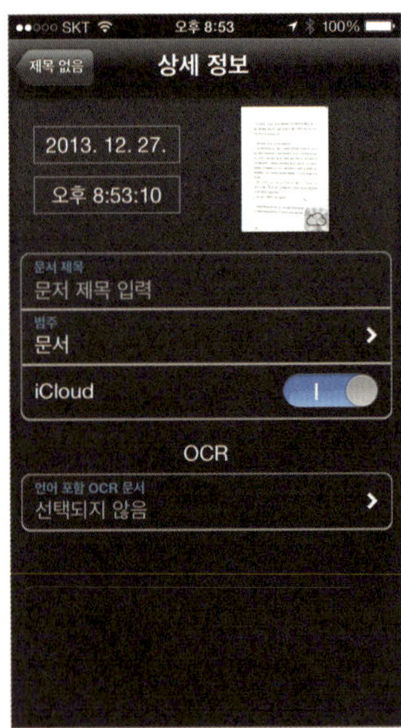

06 OCR 지원 언어에는 한국어, 영어를 포함해 35개 언어를 지원합니다. 스캔한 문서에 적합한 언어를 선택하면 자동으로 서버로부터 다운받아 설치됩니다.

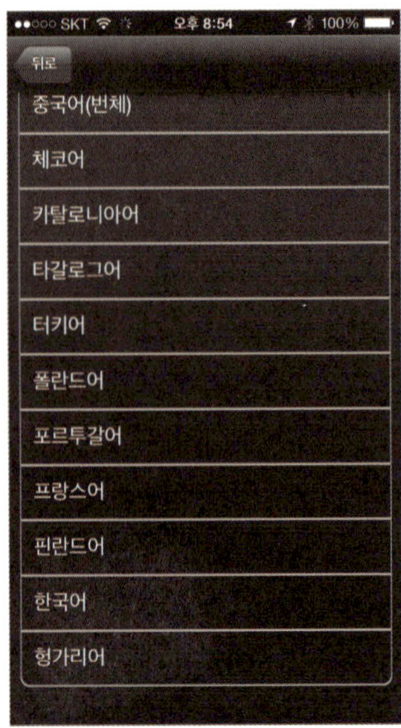

주차시간 알리미를 활용하세요.

문서 종류에 따라 서로 다른 클라우드 서비스에 자동으로 업로드할 수 있습니다. DocScanner는 설치 시 자동으로 업로드 설정되는 iCloud 외에도 에버노트, 드롭박스, 구글 드라이브, WebDAV 계정을 통해서 자동 업로드되도록 설정할 수 있습니다. 또 자동 업로드 설정에서 문서별로 각각 다른 클라우드 서비스를 선택해 연결할 수 있습니다.

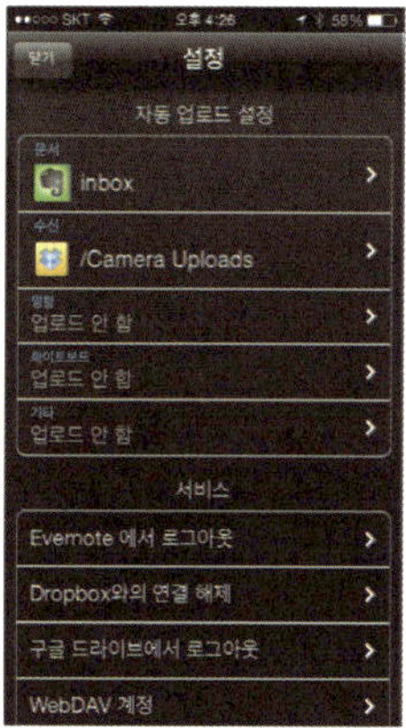

스캔하기 힘든 문서 인식시키기

자동 인식 기능으로 스캔하기 힘든 문서는 문서 종류를 선택하고 세부 촬영 옵션을 이용합니다. 반사가 심하거나 문서의 상태가 좋지 않아 자동 인식 기능을 통해 스캔하기 힘든 문서는 스캔 모드에서 화면을 좌우로 옮겨 문서 종류를 선택한 후 화면 상단에 활성화되는 옵션을 통해 자르기, 백색도, 선명화, 색상 등을 변경할 수 있습니다.

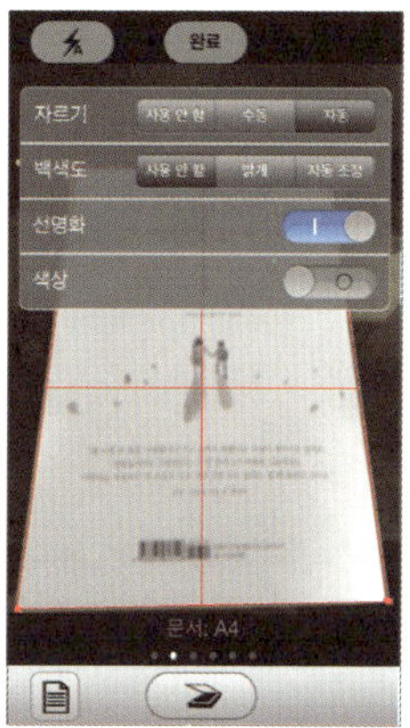

[이런 작업도 가능해요!]

- HP 외장 스캐너를 지원, 평판 스캐너에서 스캔된 문서를 자동으로 Docscanner로 가져오기 할 수 있습니다.
- 스캔한 문서를 텍스트를 인식할 수 있는 OCR 기능이 내장되어 있어 자동으로 텍스트 추출이 가능한 PDF 문서 파일을 만들 수 있습니다.

Chapter 03

Genius Scan – 문서를 빠르게 스캔하고 공유하기

Genius Scan을 사용하면 빠르게 문서를 스캔할 수 있고 데스크톱과 무선으로 스캔한 파일을 공유할 수 있습니다.

[지원 기기] iPhone, iPad

[무료] Genius + 버전 $2.99

[다운로드]

iPhone/iPad

[이런 경우 사용하세요!]

- 워터마크 없이 무료로 사용 가능한 문서 스캔 애플리케이션이 필요할 때
- 스캔한 문서 파일을 데스크톱과 무선으로 주고받고 싶을 때

01 새로운 문서를 스캔하려면 [카메라] 버튼 을 눌러 사진을 찍거나 [카메라
롤] 버튼 을 눌러 기존 촬영된 사진을 불러올 수 있습니다. [카메라] 버튼을 누
릅니다.

02 문서 스캔 전 촬영 화면을 인식하는 다른 애플리케이션과 달리 Genius Scan
은 빠르게 촬영하고 촬영된 사진을 분석해서 문서를 스캔하는 방식입니다. 가운데
카메라 버튼을 눌러 문서의 원하는 부분을 촬영합니다.

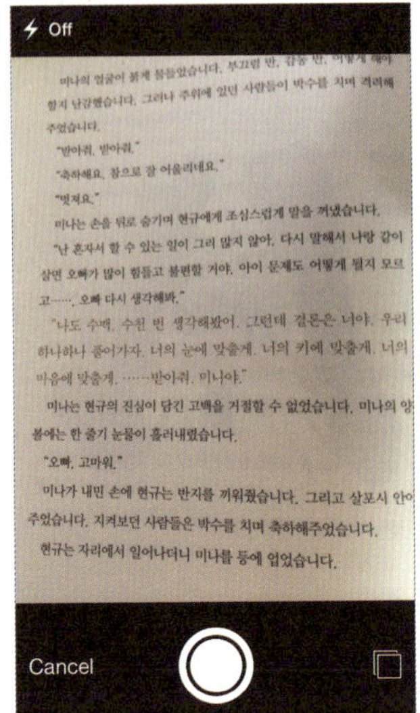

03　Genius Scan이 자동으로 문서로 인식할 부분을 지정합니다. 문서로 인식되
는 부분은 주황색 격자무늬가 나타납니다. 자동으로 인식된 부분이 잘못 표현되었
다면 [Cancle]을 눌러 다시 촬영하거나 손가락으로 영역을 늘리거나 줄일 수 있습
니다. 정확히 인식했다면 [Use]를 누릅니다.

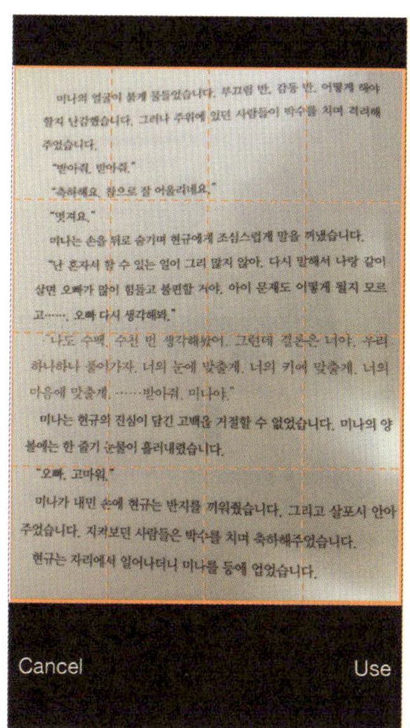

04　마지막으로 텍스트를 좀 더 정확히 인식할 수 있도록 Genius Scan이 자동으
로 화질을 처리합니다. 자동으로 변경된 이미지 처리 방식이 맘에 들지 않는다면
[이미지 처리설정] 버튼 을 누릅니다.

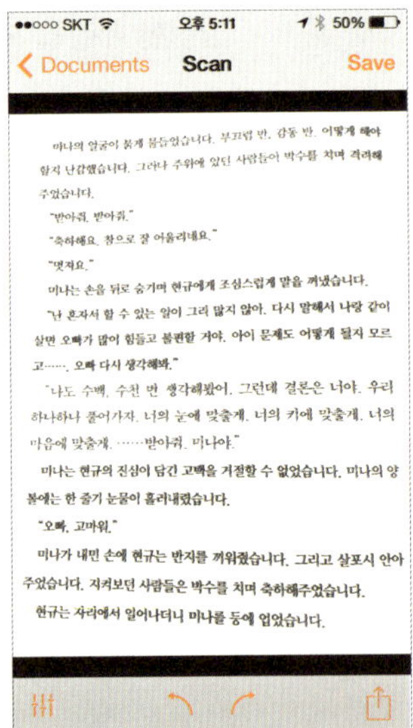

05　이미지 처리 설정에서는 [No Enhancement], [Black & White], [Color] 중 하나를 선택할 수 있습니다. 텍스트 추출 목적이라면 [Black and White]를 선택하는 것이 좋고 이미지가 많이 포함된 문서라면 [Color]를 선택합니다.

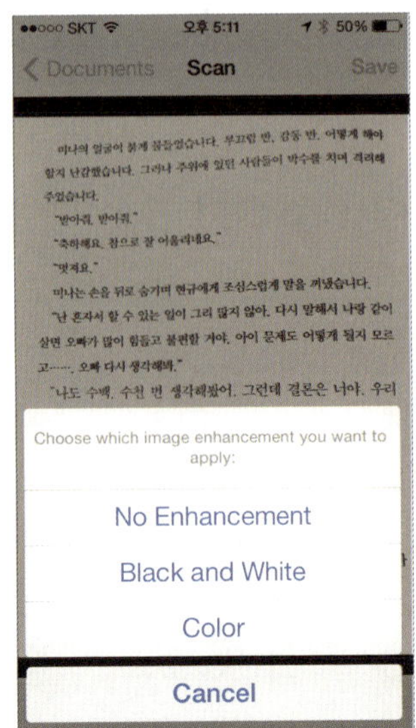

06 다른 애플리케이션이나 서비스로 공유하려면 [공유] 버튼을 누릅니다. 에
버노트로 공유하기 위해 [Export to] 항목에서 [Evernote]를 선택합니다(무료 버
전에서는 에버노트 공유하기를 지원하지 않습니다). 공유가 완료되면 [Save]를 눌
러 문서를 Genius Scan에 저장합니다.

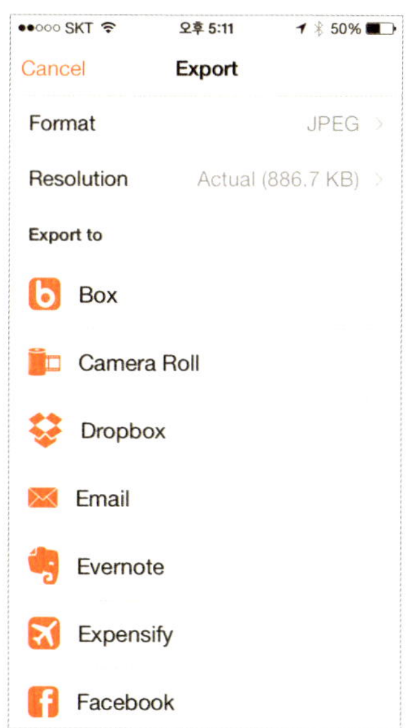

07 저장이 완료된 후 문서 상세보기 페이지에서는 자동으로 저장된 제목을 수정
하고 주제에 태그를 추가할 수 있습니다. 또 [Edit] 버튼을 눌러 삭제할 수 있습니다.

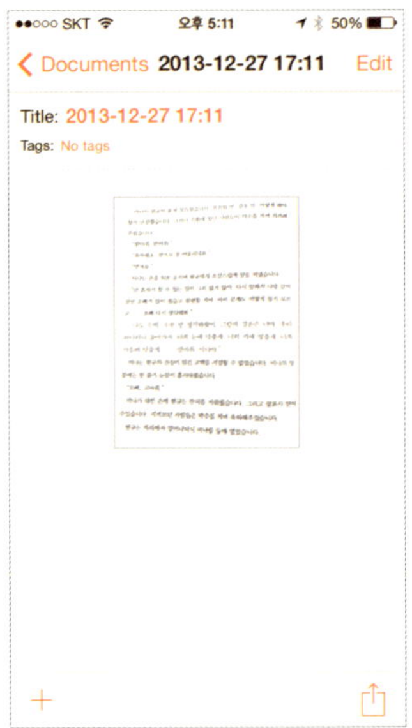

TIP

PC와 파일 공유하기

Wifi Sharing 기능을 이용해 PC와 별도의 프로그램 설치 없이 무선으로 파일을 공유할 수 있습니다. 데스크톱과 스마트폰을 무선으로 연결해 파일을 공유하려면 문서 화면에서 [메뉴] 버튼을 누른 후 메뉴 목록 화면에서 [Wifi Sharing] 항목을 실행합니다.

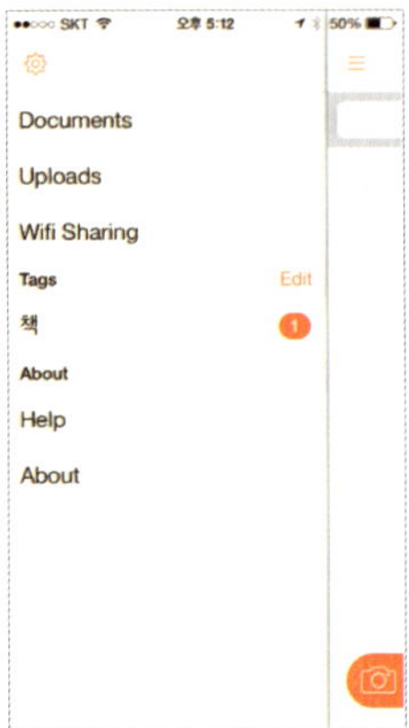

[Wifi Sharing] 기능을 켜면 접속할 수 있는 주소가 표시됩니다. [화면의 예] http://192.168.2.5?:8083].
PC에서 인터넷 브라우저를 실행한 후 스마트폰에 표시된 주소로 접속하면 스캔한 파일을 주고받을 수
있습니다.

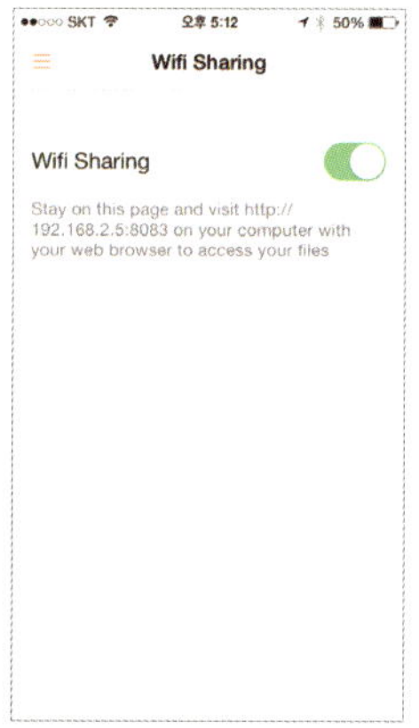

TIP

여러 페이지 문서 연속 추가하기

하나의 파일에 여러 페이지의 문서를 연속으로 추가할 수 있습니다. 문서 상세보기 화면에 [추가] 버튼
＋ 을 누르면 새롭게 스캔한 문서를 같은 파일에 연속해서 추가할 수 있습니다. 여러 장으로 묶어진 문
서는 페이지 연속 추가 기능으로 하나의 파일로 생성할 수 있습니다.

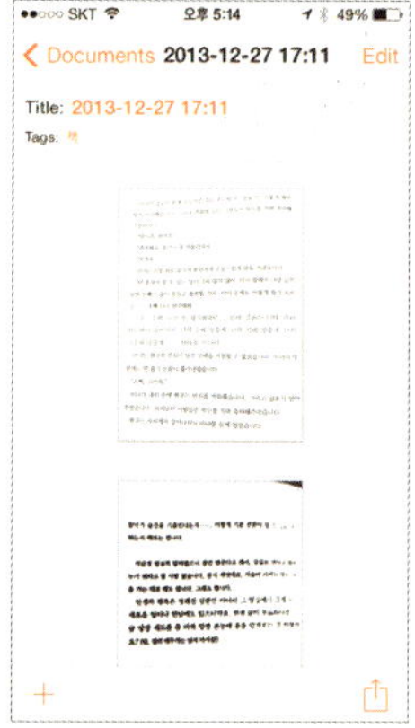

Chapter

04

ABBY TextGrabber + Translator

TextGrabber+Translator는 사진촬영 기능을 이용해 문서를 스캔한 후 텍스트를 추출하는 애플리케이션입니다. 또 구글 번역 기능과 연동되어 텍스트를 사용자가 지정한 언어로 번역한 결과를 제공합니다. 한 번 스캔한 후 번역된 텍스트는 히스토리에 순서대로 보관되어 필요할 때 찾아 볼 수 있습니다.

[지원 기기] iPhone, Android

[유료]   iPhone, iPad $5.99 / Android ₩6,299

[다운로드]

iPhone   Android

[이런 경우 사용하세요!]

- 외국어로 된 책이나 문서를 자주 읽고 스캔한 후 보관하고 싶을 때
- 스캔한 문서에서 텍스트만 추출하는 기능이 필요할 때
- 추출한 텍스트를 여러 언어로 번역하는 기능을 사용해야 할 때

01 TextGrabber+Translator는 이미지에서 텍스트를 추출한 후 번역하는 애플리케이션입니다. 스캔할 문서에서 추출한 텍스트 언어를 미리 설정하고 텍스트를 추출해야 해당 언어를 인식할 수 있습니다. 기본으로 설정된 영어 외에 최대 2개의 언어를 설정할 수 있습니다. 한글을 추가하기 위해 **EN** 버튼을 누릅니다.

02 여러 언어 목록 중 [Korean]을 선택하면 서버를 통해 설치하는 과정이 필요합니다. 설치가 완료되면 [Korean] 항목이 체크 표시됩니다. 추가가 완료되면 초기화면으로 돌아와 문서 스캔을 위해 **◎** 버튼을 누릅니다.

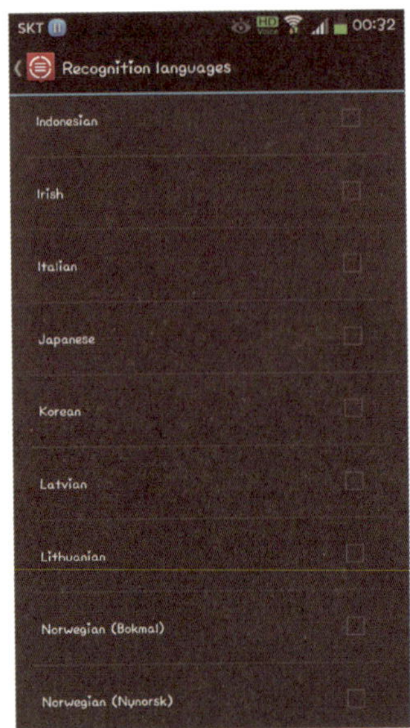

03 문서가 잘 보이도록 초첨을 맞춰 촬영한 후 이미지 상태를 확인하고 [저장]을 눌러 저장하거나 [취소]를 눌러 다시 촬영할 수 있습니다.

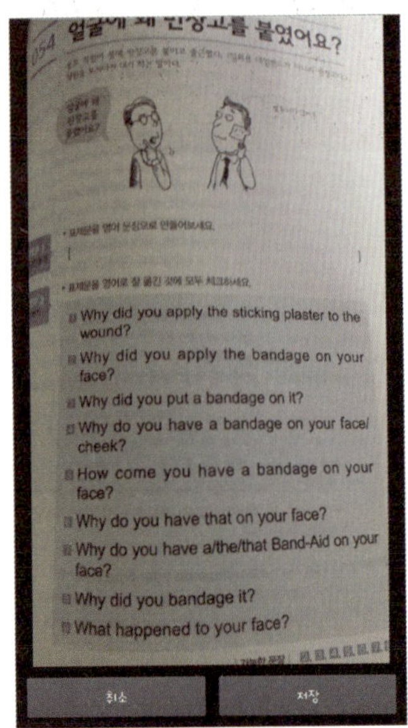

04 저장된 사진은 텍스트 출력을 원활하게 하려면 [Crop] 기능을 위해 텍스트 인식을 원하는 부분만 영역을 지정할 수 있습니다. 하단 툴 바에서 ![] 버튼을 눌러 자유 비율로 영역을 자를지 일정 비율에 맞춰 영역을 자를지 선택할 수 있습니다. 자르기가 완료되면 오른쪽 상단 [Read]를 눌러 텍스트를 인식시킵니다.

05 텍스트 인식이 완료되면 인식된 결과가 화면에 나타납니다. 인식된 결과를 공유하려면 [공유] 버튼 ![] 을 눌러 공유할 수 있습니다. 번역된 결과는 [번역] 버튼 ![] 을 눌러 확인할 수 있습니다.

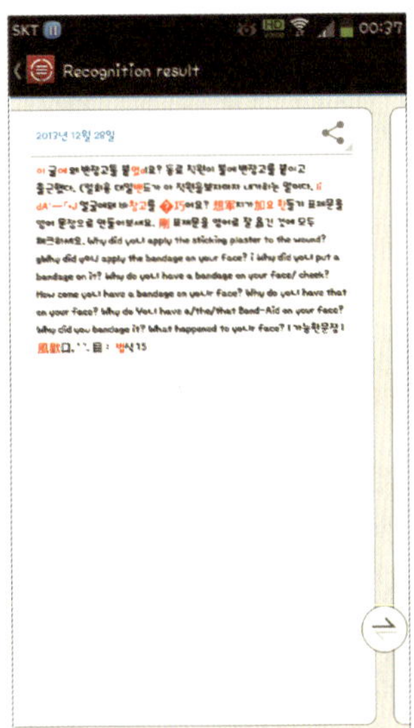

06 번역 페이지에서는 추출한 텍스트 언어를 자동으로 인식하여 기본 설정된 한국어로 번역됩니다. 번역 결과값이 이상한 경우에는 [Auto]로 설정된 값을 원문의 언어를 수동으로 선택해 번역 결과를 향상시킬 수 있습니다. 에버노트로 번역 결과를 공유하려면 [공유] 버튼 을 눌러 공유할 수 있습니다.

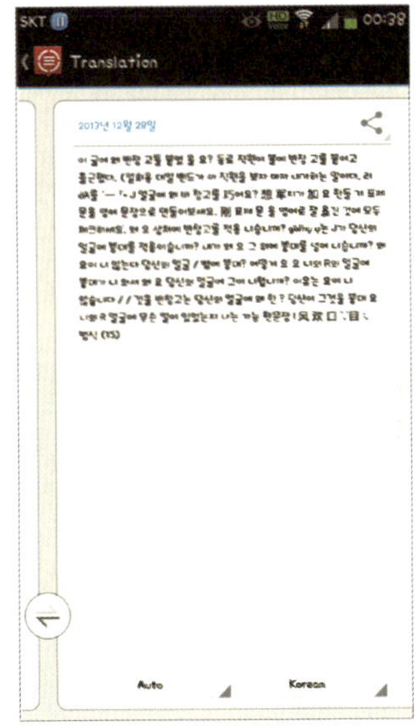

TIP

지난 스캔 내역 확인하기

번역된 결과는 History에 보관되어 언제라도 찾아볼 수 있습니다. 이미지를 촬영한 후 텍스트를 추출하고 번역된 결과 값은 [History]에 모두 보관되어 있습니다. 언제라도 이전에 스캔 후 번역한 내용이 궁금하다면 다시 같은 내용을 스캔할 필요 없이 [메뉴] 버튼을 누른 후 [History]를 눌러 확인할 수 있습니다.

Droid Scan Pro PDF

Droid Scan Pro PDF는 안드로이드 스마트폰을 휴대용 문서 스캐너로 활용할 수 있도록 만들어주는 애플리케이션입니다. 카메라를 통해 촬영된 이미지를 명도, 색상, 테두리를 보정한 후 고해상도의 JPEG 그림 파일이나 PDF 파일로 변환해줍니다.

[지원 기기] Android

[무료] ₩5,125

[다운로드]

Android

[이런 경우 사용하세요!]

- 촬영한 후 갤러리에 보관된 여러 이미지를 한 번에 PDF 파일로 전환하고 싶을 때
- 다량의 문서를 연속 촬영 기능을 이용해 편리하게 스캔하고 싶을 때
- 미리 설정된 스캔 방식(크기, 이미지 품질 등)으로 반복해서 스캔하는 일이 잦을 때

01 Droid Scan Pro PDF는 카메라로 촬영된 이미지를 변환하거나 여러 출처들로부터 이미지를 불러와 파일을 변환할 수 있습니다. 기존 이미지를 불러오려면 [Import] 버튼 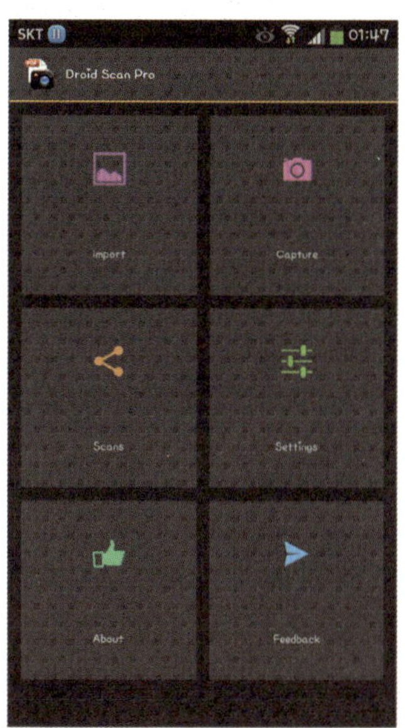을 누르고, 새로운 이미지를 촬영하려면 [Capture] 버튼 을 누릅니다.

02 드롭박스, 파일 관리자, 삼성 링크, 갤러리, 구글 드라이브, 사진 등 스마트폰에 설치된 파일 관리, 사진 관리 애플리케이션에서 이미지를 불러올 수 있습니다.

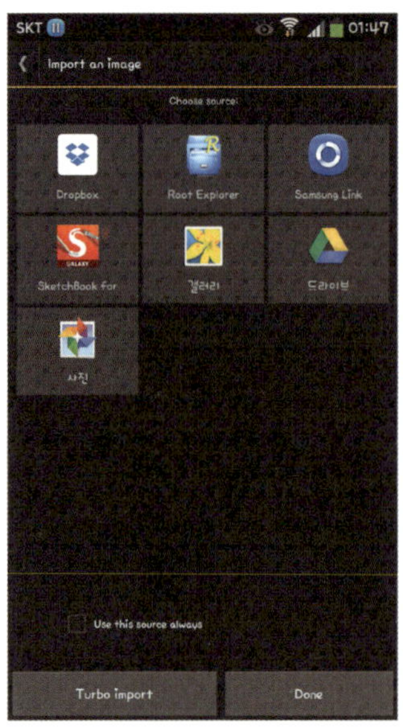

03 사진 촬영이나 저장된 이미지를 불러오면 자동으로 Droid Scan Pro PDF가 자동으로 스캔할 영역을 인식하여 노란색 선과 8개의 점으로 표시합니다. 별도의 수정 없이 전체 영역을 선택하려면 화면 하단 [Edges]에 체크합니다. 모든 변경이 완료되면 [Next]를 눌러 다음 단계로 이동합니다.

04 선택된 스캔 영역을 [회전] 버튼 을 눌러 90도씩 회전시키거나 [해상도 조절] 버튼 을 눌러 이미지의 크기를 조절할 수 있습니다.

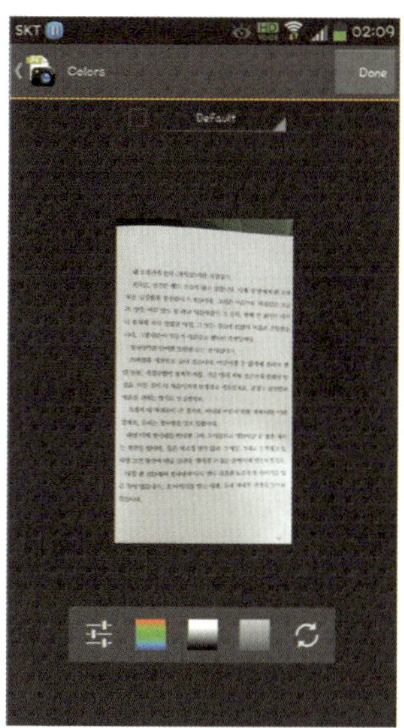

05 화면 상단 [Default] 부분을 누르면 문서의 종류나 크기를 변경할 수 있습니다. 모든 변경이 완료되면 [Done]을 눌러 스캔한 문서를 파일로 저장합니다.

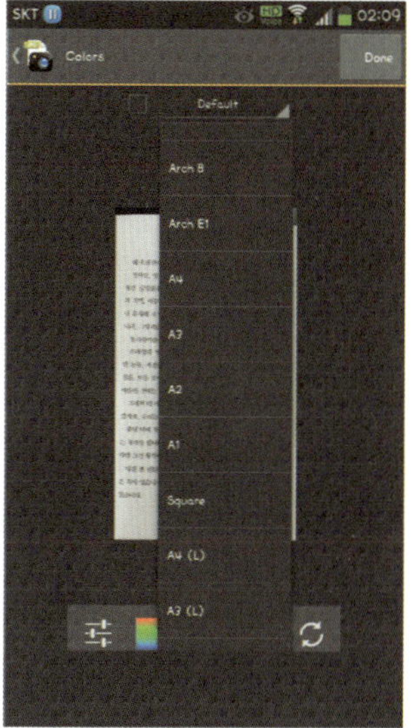

06 Droid Scan PDF Pro는 다양한 공유 방식을 지원합니다. 외장 메모리로 파일을 내보내거나 JPG, PDF 파일을 이용할 수 있는 스마트폰에 설치된 대부분의 애플리케이션과 파일을 공유할 수 있습니다. 스캔한 파일을 에버노트로 공유하려면 메인 화면에서 [공유] 버튼 을 눌러 공유 옵션을 선택할 수 있습니다.

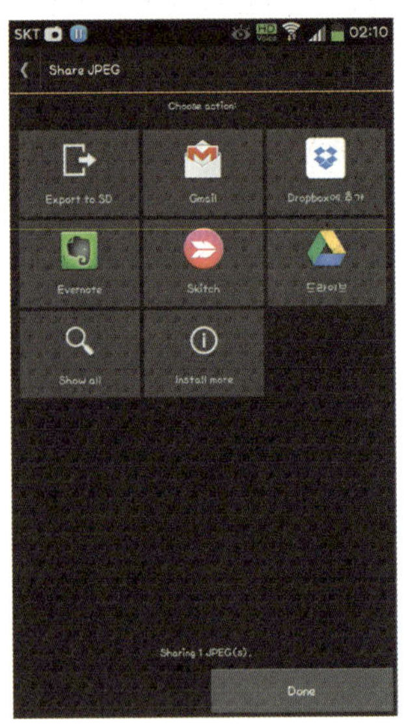

> **TIP**
>
> ### 동일한 크기/형태의 문서는 Batch Processing을 이용하세요
>
> 동일한 양식과 크기의 문서나 이미지를 불러오거나 촬영해서 스캔할 경우 반복해서 스캔 영역을 지정하고 화질을 변경, 해상도 조정을 매번 설정할 필요 없이 Batch Processing을 이용해 자동으로 처리할 수 있습니다. 다량의 문서를 스캔해야 할 때 시간을 절약할 수 있습니다.

[이런 작업도 가능해요!]

- Turbo Capture, Turbo import 기능을 이용하면 연속으로 이미지를 촬영하거나 불러와 여러 문서를 한 번에 스캔할 수 있습니다.
- 종이절약(Paper Saver mode) 설정을 이용하면 여러 페이지를 종이 한 장에 인쇄할 수 있습니다.
- 스캔한 파일을 공유하거나 뷰어를 통해 볼 때 빠른 구동 속도를 위해 스캔 해상도를(Low, Medium, High) 조절할 수 있습니다.

에버노트와 연동되는 하드웨어 제품과 서비스

에버노트와 연동되는 제품들은 비단 소프트웨어뿐만 아닙니다. 다양한 하드웨어 제품들과도 연동되어 손쉽게 기록을 저장하고 관리할 수 있습니다. 아날로그와 디지털의 경계를 뛰어 넘는 '스마트' 제품들을 확인해볼까요? 이번 파트에서는 '지름신'이 나타날 수 있으니 유의하시기 바랍니다.

Evernote 몰스킨

문구류에 관심 있는 분들이라면 한 번쯤은 들어봤을 몰스킨. 교보문고나 영풍문고 등의 대형서점에 가면 쉽게 만나볼 수 있습니다. 고급스러운 재질과 부드러운 촉감 덕분에 필기를 선호하는 많은 분들에게 인기 있는 제품이기도 합니다. 또한, 에버노트라는 디지털 기기와는 전혀 맞지 않아 보이는 제품이기도 합니다.

• 다양한 몰스킨 시리즈

그러나 이렇게 쌩뚱 맞아 보이는 두 제품이 만나 멋진 에버노트 몰스킨이 탄생되었습니다. 이런 것이 바로 진정한 디지로그(디지털과 아날로그의 만남)가 아닐까요? 에버노트 몰스킨에 정성스레 작성한 아이디어나 일기 등을 바로 에버노트에 사진으로 찍어 넣어둔다는 생각을 기본으로 만들어진 에버노트 몰스킨 그러나 그 둘의 만남은 단순히 사진을 찍는 데에만 그치지 않았습니다.

• 몰스킨 활용 프로세스

에버노트 스마트 몰스킨은 에버노트에 단순히 사진을 찍는 것을 넘어 스마트 스티커 기능이 포함되어 있습니다. 몰스킨 뒤쪽에 함께 구비된 스마트 스티커를 작성한 노트 위에 붙이고 에버노트로 사진을 찍으면(이때, 에버노트 내에서 문서 모드로 사진을 찍어야 합니다) 미리 설정해 둔 태그 또는 노트북으로 해당 노트가 자동으로 분류됩니다. 또한, 문서 모드로 찍은 해당 페이지는 마치 스캔을 한 것처럼 보다 선명하게 에버노트에 저장됩니다. 그래서 마치 종이를 그대로 옮겨놓은 듯한 선명한 이미지를 에버노트에 보관할 수 있습니다.

• 스마트 스티커 기능 제공

그러면 에버노트에 사진을 찍어서 놓으면 무엇이 좋을까요? 바로 에버노트의 막강한 기능 중 하나인 이미지 문자 인식 기능(OCR, Optical Character Recognition)입니다. 이를 통해 에버노트에 업로드된 이미지는 서버에서 작업을 거친 후 검색이 가능한 이미지로 변신합니다. 물론, 영어와 한글 모두 지원되며 심지어 손글씨도 인식됩니다. 이제 몰스킨에 열심히 적어둔 아이디어를 검색하는 것도 걱정하지 않아도 됩니다. 에버노트의 이미지 문자 인식 기능으로 손쉽게 검색할 수 있기 때문입니다.

에버노트 스마트 몰스킨에는 에버노트 프리미엄 3개월 쿠폰도 함께 포함되어 있습니다. 이제 에버노트 스마트 몰스킨을 이용하여 예쁜 몰스킨도 사용하고 프리미엄도 이용하고 몰스킨에 적은 소중한 아이디어도 평생 간직할 수 있습니다.

• 막강한 기능을 제공하는 프리미엄 서비스

Chapter

02

Eye-Fi SD Card

한동안 DSLR 카메라를 이용하여 멋진 사진을 찍는 것이 유행이었습니다. 이 때문에 많은 사람들이 디지털 카메라를 통해 소중한 추억을 담는 것은 이제 일상이 되었습니다. 그러나 이렇게 저장한 사진들을 관리하고 저장하는 것 역시 보통 귀찮은 일이 아닙니다. 메모리 카드를 뽑아서 컴퓨터에 옮기고 사진을 에버노트나 원하는 클라우드에 이동하는 추가적인 작업이 필요하기 때문입니다. 하지만 이러한 귀찮음을 한 번에 해결해주는 SD 메모리 카드가 있습니다.

• Eye-Fi 기능을 포함한 SD Card

Eye-Fi SD 카드는 내부에 WiFi가 내장된 SD 메모리입니다. 해당 SD 메모리가 WiFi와 연결되면 자동으로 내부에 저장된 사진을 컴퓨터나 원하는 클라우드에 보낼 수 있습니다. Eye-Fi를 사용하면 이렇게 생활이 바뀝니다.

• 카메라는 WiFi를 제공할 필요가 없습니다.

[Eye-Fi 사용하기 전]

1. 사진을 찍고 집으로 돌아온다.
2. SD 메모리를 디지털 카메라에서 뽑는다.
3. 컴퓨터의 전원을 켠다.
4. 컴퓨터에 젠더를 통해 연결한다.
5. 사진을 원하는 곳에 저장하거나 클라우드에 업로드한다.

[Eye-Fi를 사용한 후]

1. 사진을 찍고 집으로 돌아온다.
2. 디지털 카메라의 전원을 켠다.
3. 컴퓨터의 전원을 켠다.

Eye-Fi 내의 사진은 자동으로 컴퓨터로 전송되며 전송된 이미지는 설정에 따라 에버노트 등 각종 클라우드에 전송됩니다. 가끔은 나도 모르는 사이에 찍어놓은 사진이 나의 에버노트에 들어오기도 합니다. Eye-Fi를 사용하면 건축사무소의 현

장 사진, 명함, 보드 위의 아이디어 등을 찍기만 하면 자동으로 에버노트에 저장되
어 관리할 수 있습니다.

Fujitsu ScanSnap

후지쯔는 가장 혁신적인 스캐너를 만드는 회사 중 하나입니다. 지금까지 선보인 다양한 스캐너가 후지쯔만의 스캐너 기술력을 자랑합니다. 게다가 후지쯔 스캐너 만의 가장 강력한 강점은 바로 에버노트와 연동된다는 점입니다.

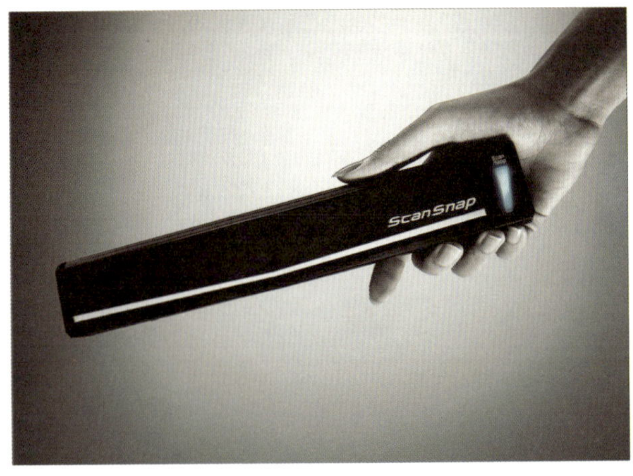

• ScanSnap

후지쯔 스캔스냅으로 원하는 문서들을 스캔하고 나면 메뉴가 나타납니다. 이때 나타나는 메뉴에는 익숙한 코끼리가 눈에 보입니다. PDF 또는 JPG 형태의 이미지로 스캔된 문서의 포맷을 변환하여 에버노트에 바로 첨부합니다. 더 이상 스캔하고 정리하고 다시 에버노트에 붙이는 여러 스텝을 거치지 않아도 됩니다. 게다가 예

열이 필요한 평판 스캐너가 아닌 바로 켜서 스캔할 수 있는 삽입형 스캐너이기에
더욱 빠르고 편리하게 사용할 수 있습니다.

• ScanSnap을 이용하면 스캔이 끝난 후 에버노트로 바로 스캔된 이미지 또는 PDF를
전송할 수 있습니다.

• 손쉽고 편리하게 나의 회의록을 에버노트에 전달할 수 있습니다.

후지쯔의 스캔스냅은 다양한 종류의 기종을 보유하고 있습니다. 작은 사이즈의
S1100 제품부터 양면 스캔이 가능한 휴대용 S1300, 그리고 많은 양의 문서를 한
번에 스캔해주는 S1500까지 그 종류도 다양합니다. 최근에는 WIFI 연결을 지원하
는 iX500 제품과 책을 파손하지 않고도 스캔할 수 있는 SV600도 선보여 단연 스캐
너계의 강자라고 할 수 있습니다.

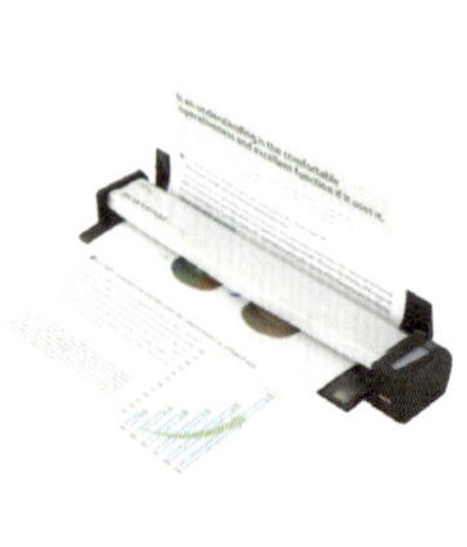

· ScanSnap S1100

· ScanSnap S1300

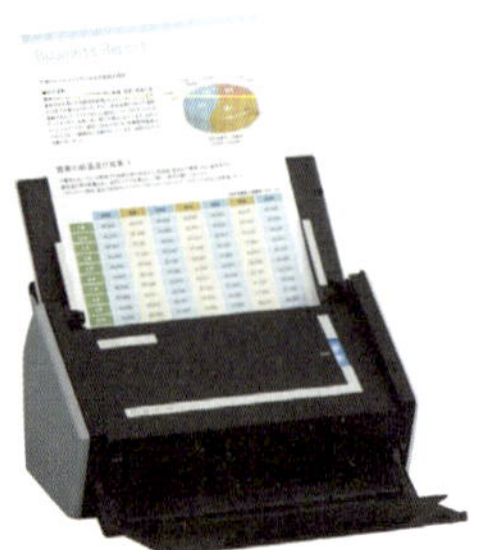

· ScanSnap S1500

· ScanSnap iX500

· ScanSnap SV600

또한, 이 모든 후지쯔의 스캐너들은 기본적으로 에버노트 연동을 지원합니다. 이를 통해 집안에 쌓여있는 각종 영수증, 서류뭉치, 사진 등을 에버노트 안에 소중히 보관할 수 있습니다.

그러나 이 중에서도 단연 돋보이는 제품은 바로 ScanSanp Evernote Edition입니다. Jot Script Evernote Edition과 함께 에버노트 마켓에서 판매되고 있는 에버노트 전용 스캔스냅은 드라이버를 따로 설치할 필요 없이 에버노트만 설치되어 있다면 자동으로 드라이버가 설치되고 동작됩니다. 또한, 영수증, 문서, 명함 등을 자동으로 인식하여 원하는 영역에 스캔된 문서를 자동으로 분류까지 합니다.

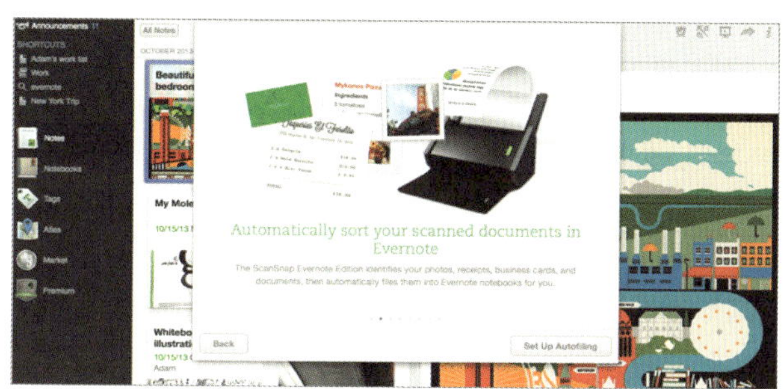

• 스캔만하면 문서 종류를 자동으로 인식합니다.

에버노트 전용 스캔스냅을 통해 이제 스캔된 문서를 자동으로 에버노트로 넘기는 것은 물론 원하는 위치로 분류까지 척척. 이것이 진정한 스마트 월드가 아닐까하는 생각이 듭니다.

기타 하드웨어 제품들

기타 다양하게 에버노트를 지원하는 하드웨어 제품들을 알아보겠습니다. 헬스 제품을 포함하여 펜, 마우스, NFC 등이 있습니다. 이외에도 다양한 제품이 있지만 몇 가지의 주요한 제품들을 만나보겠습니다.

1　iHealth 무선 혈압계

iHealth 무선 혈압계는 혈압을 측정하고 무선으로 스마트폰과 동기화할 수 있는 의료기기 입니다. 미국의 FDA 승인을 받은 공식 의료기기에 무선의 편리함과 클라우드를 통한 데이터 관리 총 세 마리의 토끼를 잡은 제품입니다.

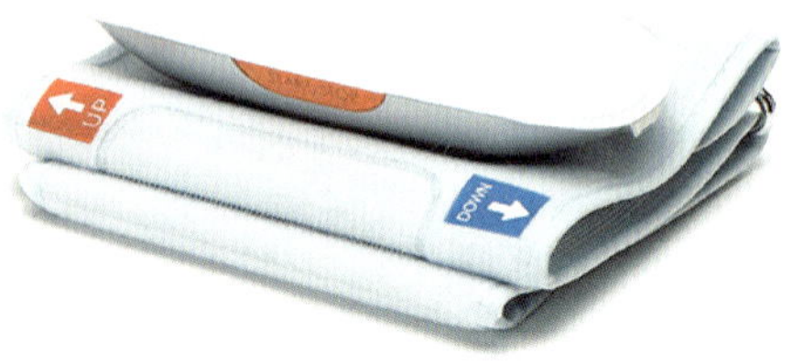

• iHealth 무선 혈압계

iHealth를 이용해 측정한 기록은 매일 매일 리포트 형식으로 정리되어 에버노트 안에 저장됩니다. 해당 노트북을 의사에게 공유하여 자신의 상태를 실시간으로 점검받을 수도 있습니다. 이제 굳이 병원을 가지 않더라도 자신의 상태를 의료진으로부터 점검받을 수 있는 날도 머지않았습니다.

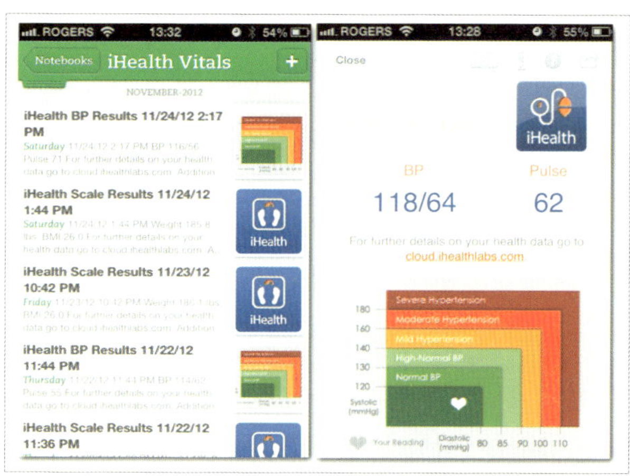

• 리포트 형식으로 저장됩니다.

2 Jot Script Evernote Edition Stylus

에버노트에서는 지난 2013년 에버노트 컨퍼런스를 통해 에버노트 마켓 런칭을 발표했습니다. 에버노트와 깊게 연동된 제품들을 에버노트 에디션이라는 이름으로 직접 판매를 하기 시작한 것입니다. 그중에서 단연 인기를 끈 제품은 바로 Jot Script Evernote Edition Stylus입니다.

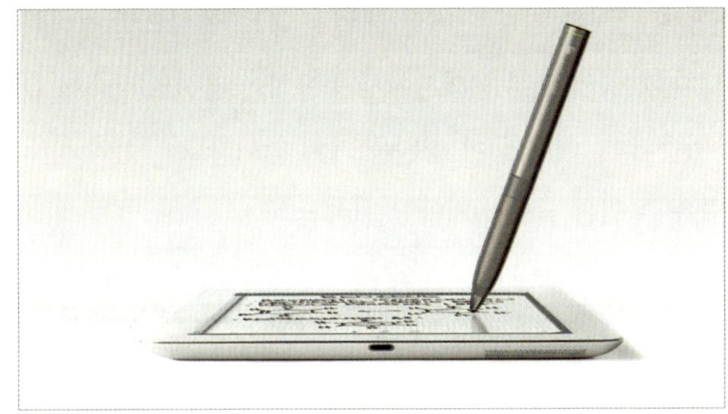

· Jot Script Evernote Edition Stylus

기존에 아이패드 위에 직접 필기하는 많은 종류의 스타일러스들이 있었지만 그 어떤 것도 진짜 펜의 느낌을 주기는 어려웠습니다. 정전식 터치 패널의 특성상 일정 영역 이상이 터치되어야만 동작하기 때문입니다. 이에 따라 기존의 스타일러스들은 모두 두껍고, 사용성이 떨어졌습니다. 그러나 Pixelpoint 기술을 이용한 Jot Script Evernote Edition 스타일러스는 기존의 스타일러스와는 다릅니다. 1.9mm의 작은 펜촉으로 실제로 펜으로 글씨를 쓰는 느낌을 주기 때문입니다. 게다가 에버노트의 Penultimate와 함께 동작하여 손쉽게 에버노트와 동기화할 수 있습니다.

Penultimate에는 손목 보호 기능을 통해 손목을 아이패드 위에 놓고 직접 필기를 해도 스타일러스의 펜촉만 인식합니다. 때문에 아이패드 위에 손목을 올려놓고 자연스럽게 필기할 수 있습니다. 최고의 필기 앱 중 하나인 Penultimate와 최고의 스타일러스 Jot Script Evernote Edition이 만나 드디어 아이패드에서도 자연스럽게 기록할 수 있도록 많은 이들의 소원이 이루어졌습니다.

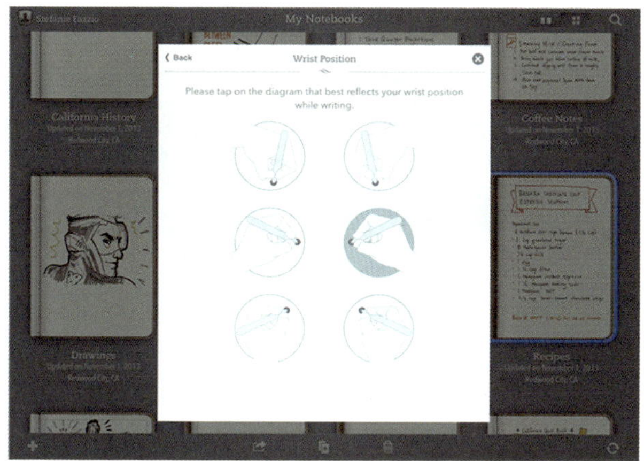

• 다양한 입력 포지션을 지원합니다.

에버노트 스마트 몰스킨, LiveScribe WIFI Sky 스마트펜에 이어 아이패드에 직접 펜의 필기감 그대로 필기할 수 있는 Jot Script Evernote Edition까지 정말 다양한 제품들이 에버노트와 연동되어 있습니다. 무엇보다 각자의 특성에 맞는 제품을 선택하여 잘 활용하는 것이 중요하겠죠?

 3　## LG Mouse Scanner

아무래도 아직 고가의 스캐너 제품을 구매하기 어렵다면 Plan B를 고려해야 할 것입니다. 바로 저렴하면서도 기존의 마우스를 대체하여 겸용으로 사용할 수 있는 LG 마우스 스캐너입니다.

• LG 마우스 스캐너

LG 마우스 스캐너는 후지쯔 사의 스캔스냅 스캐너에 비해 저렴한 가격으로 구매할 수 있으며 기존의 마우스를 대체하여 사용할 수 있어 그 공간도 적게 차지합니다. 스캔을 원하는 이미지 위에 마우스를 올려 슥슥 문지르면 해당 위치가 스캔됩니다. 마치 퍼즐 맞추기를 하듯 열심히 문지르다 보면 하나의 완성된 스캔본을 얻을 수 있습니다.

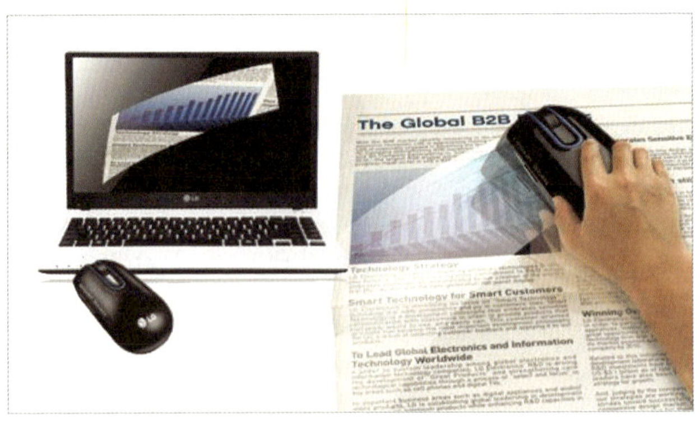

• 마우스만 드래그하면 됩니다.

LG 마우스 스캐너의 경우 책이나 잡지 위에 바로 올려놓고 스캔할 수 있기 때문에 후지쯔 스캔스냅과 같이 삽입을 위해 파손하지 않아도 되므로 좋습니다. 간단한 신문이나 메모를 스캔하기에는 가장 안성맞춤인 제품입니다. 또한, LG 마우스 스캐너로 스캔을 마치면 바로 스캐너 애플리케이션에서 바로 에버노트로 스캔된 이미지를 전송할 수 있습니다.

4 LiveScribe WIFI Sky 스마트펜

혹자는 에버노트 스마트 몰스킨에 열심히 적은 내용을 스마트폰을 통해 찍는 것조차 귀찮다고 합니다. 더 손쉬운 방법으로 필기된 내용을 에버노트에 옮길 수는 없을까요? 그래서 탄생한 것이 바로 라이브스크라이브 사의 WIFI Sky 스마트펜입니다.

• LiveScribe WIFI Sky 스마트펜

LiveScribe 사의 기존 버전들은 우선 PC와 싱크한 후에 싱크된 내용을 PC에서 에버노트나 기타 다른 서비스에 이동할 수 있었습니다. 그러나 WiFi Sky 제품은 자체적으로 WiFi 장치를 내장하고 있어 그 자리에서 바로 동기화를 통해 작성한 노트를 에버노트에 보낼 수 있다는 큰 장점이 있습니다. 이를 통해 인터넷이 되는 어느 곳에서든 손쉽게 작성한 노트를 에버노트에 전송할 수 있게 된 것입니다(스마트폰의 테터링 기능을 이용하면 정말 언제 어디서든 동기화할 수 있겠죠?).

• 편리한 동기화 기능을 제공합니다.

라이브스크라이브 WIFI Sky 스마트펜의 가장 신기한 기능 중 하나는 바로 녹음하면서 필기를 작성할 수 있다는 점입니다. 단순한 녹음 기능이 왜 신기할까요? 바로 녹음된 지점과 작성한 노트의 위치가 정확하게 매칭되기 때문입니다. 만약 녹음하면서 필기한 경우 필기를 마친 뒤 작성된 글씨를 스마트펜으로 터치하면 해당 글씨가 작성될 때 녹음된 내용부터 자동 재생됩니다. 스마트폰이나 녹음기 등으로 열심히 녹음한 강의 전체를 다시 듣는 일은 결코 쉽지 않습니다. 그러나 라이브스크라이브 WIFI Sky 스마트펜을 이용하면 원하는 시점 또는 놓친 부분만 바로 재생할 수 있습니다.

• 필기하면서 녹음한 부분 중 원하는 부분만 재생할 수 있습니다.

특히 공부하는 학생들에게는 이보다 좋은 제품은 없지 않을까 하는 생각이 듭니다. 이제 토씨하나 놓치지 않고 모든 내용을 필기할 수 있겠죠? 반대로 선생님의 경우 강의를 하면서 노트를 작성하여 간단한 강의 노트를 만들 수도 있습니다. 수학 선생님들의 문제 풀이 강의용으로 사용해도 좋을 것 같습니다.

• 학습자에게 안성맞춤 활용을 제공합니다.

라이브스크라이브 WIFI Sky 스마트펜을 처음 만났을 때의 충격은 아직도 잊히지 않습니다. 기존의 필기 습관을 그대로 유지한 채로 손쉽게 에버노트에 저장할 수 있기 때문입니다. 설마 이것마저 귀찮아서 못쓰겠다고 하진 않겠죠? 필자처럼 귀차니즘이 강한 분들에게는 꼭 필요한 제품입니다. 강력한 스마트 제품들이 에버노트를 단순한 앱이 아닌 그 이상의 것을 보여주는 것 같습니다.

5 tapmynote

tapmynote는 touchanote으로 시작해서 현재는 tapmynote라는 이름으로 변경된 에버노트 전용 NFC 태그입니다. 또한, 1회 에버노트 데브컵 대회에서 우승한 제품이기도 합니다. 현재 출시되는 대부분의 안드로이드 폰의 기본 기능 중 하나인 NFC는 이미 우리에게 버스 카드 대용이나 쿠폰 등을 확인할 때 유용하게 사용되고 있습니다. tapmynote는 바로 이 NFC 기능을 활용하여 에버노트 전용 태그를 만들 수 있습니다.

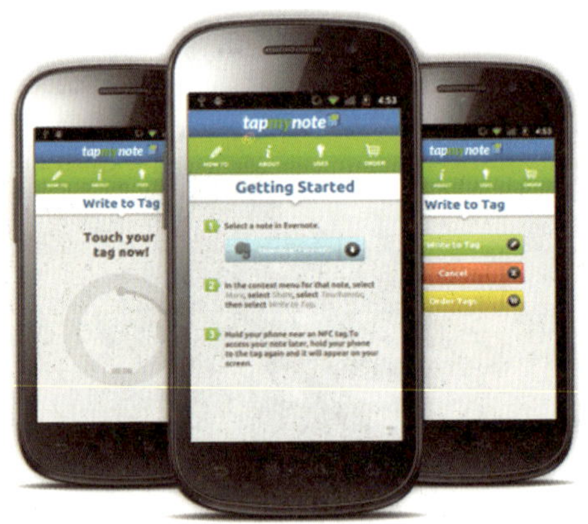

• tapmynote

우선 해당 기능을 사용하기 위해서는 tapmynote에서 NFC 태그를 구매해야 합니다. 이렇게 구매한 태그를 tapmynote 애플리케이션을 통해 원하는 에버노트 내의 노트와 매칭시킵니다. 이때 태그 안에 해당 노트의 고유 값이 입력됩니다.

• NFC 태그를 구매해야 합니다.

이제 해당 태그를 자신이 원하는 위치에 붙여 놓고 핸드폰을 태그에 터치만 하면 그 노트가 폰에서 열립니다. 이렇게 물리적 노트 바로가기를 쉽게 생성할 수 있습니다. 이를 이용하면 할 일 목록 노트가 연결된 태그를 책상 위에 붙이거나 여행

짐꾸리기 목록이 포함된 노트를 여행 가방 등에 붙여 손쉽게 해당 노트를 열고 작

업할 수 있습니다.

• 핸드폰을 태그에 터치하면 동작합니다.

포스타치오(Postach.io) – 에버노트와 연동되는 웹 서비스

이미 많은 블로거들 또는 책 저자들은 에버노트를 이용하여 원고 초안을 작성하곤 합니다. 그러나 한 가지 아쉬웠던 점은 바로 이렇게 작성한 글들을 책으로 만들거나 블로그로 포스팅하기 위해서는 재작업이 필요하다는 점이었습니다. 이미지를 다운로드하여 재업로드하고 글씨들은 복사하여 웹 에디터를 통해 다시 붙여 넣고 편집해야 했습니다. 특히 파워 블로거들이 아닌 일반 블로거들은 그 글이 다시 포스팅되어 재가공되는 일이 보통 귀찮은 일이 아닙니다. 그래서 많은 사람들이 이전부터 바라던 기능 중 하나가 바로 에버노트에서 바로 포스팅 가능한 블로그였습니다. 그러나 이제 포스타치오를 활용하면 에버노트에 있는 글들도 손쉽게 블로그로 연동이 전달이 가능합니다.

포스타치오와 Evernote 계정 연결

Postach.io 사이트로(http://postach.io) 이동하여 본인의 Evernote 계정으로 로그인하면 Postach.io와 본인의 Evernote가 연동됩니다.

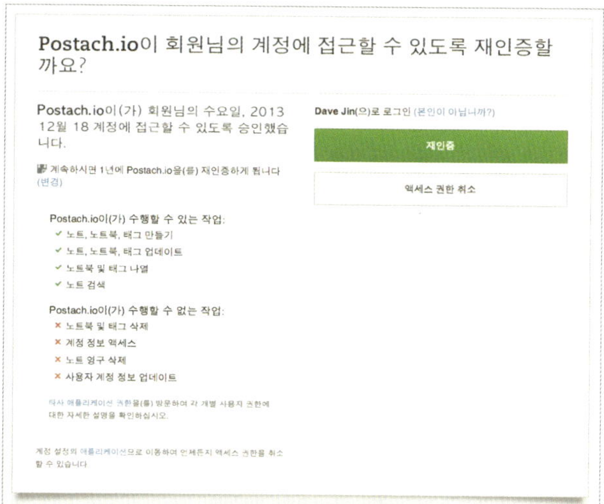

블로그 사이트 만들기

이미 만들어진 블로그 계정이 보이며 새로운 블로그를 생성하길 원하는 경우
+ CREATE SITE 를 클릭하여 새로운 블로그를 만들 수 있습니다.

블로그 상세 정보 작성하기

사용하고자 하는 사이트 URL을 정하고 사이트 이름, 작성자 이름 및 소개 그리고 가장 중요한 에버노트와 연결할 노트북을 선택합니다. 그럼 이제 해당 노트북에 작성된 에버노트 글은 블로그와 자동으로 연동됩니다.

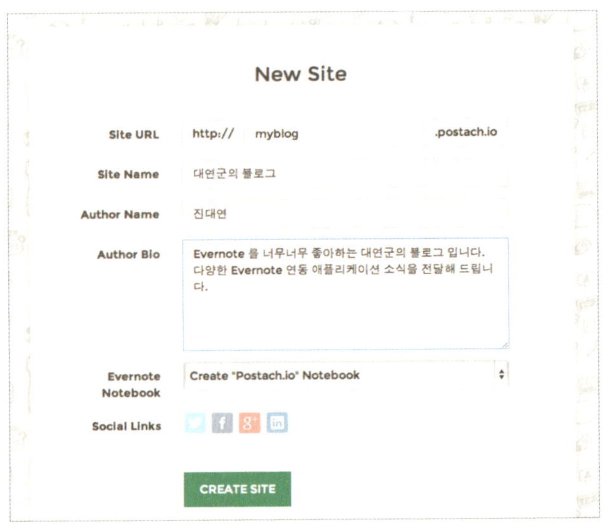

고급 설정

고급 설정을 활용하면 덧글 기능, 개인 도메인 연결, 구글 분석 코드 입력 등이 가능합니다.

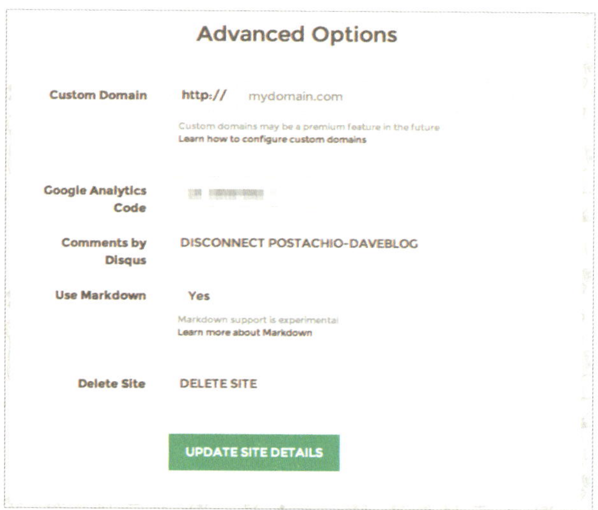

글 포스팅하기

지금까지 경험해 보지 못한 정말 쉽고 간단한 방법으로 본인의 블로그에 글을 포스팅할 수 있습니다. 포스타치오와 연동된 노트북으로 이동하여 포스팅하고 싶은 글을 이미지와 함께 작성합니다. 태그를 입력하고 동기화하면 포스팅이 완료됩니다.

이렇게 작성된 블로그 내용 중 수정을 원하는 내용은 단지 에버노트에서 수정 및 동기화만 완료하면 블로그에 자동 반영됩니다. 또한, 에버노트의 기본 기능들을 활용하여 다음과 같이 활용할 수 있습니다.

하나, 공유 노트 URL을 활용하여 초안 검토

회사나 함께 운영하는 블로그가 있다면 published 태그를 붙이기 전에 미리 공유 노트 URL을 생성하여 주변 사람들과 함께 초안을 리뷰할 수 있습니다. 이를 통해 보다 안전하게 해당 내용을 발행하기 전에 초안을 검토하고 수정할 부분을 고칠 수 있습니다.

둘, 노트북 공유를 통한 팀 블로그 운영

에버노트 기본 공유 기능을 활용하여 노트북을 공유하여 팀 블로그도 손쉽게 운영할 수 있습니다. 단지 공유 노트북으로 연결만 하면 됩니다.

셋, YouTube, Vimeo, SlideShare

YouTube나 Vimeo 등은 Evernote에 붙일 수 없어서 걱정됐다면 걱정하지 않아도 됩니다. 다양한 Embedded Code를 활용하면 다양한 소스를 불러와 블로그에 포스팅할 수 있습니다(관련 상세 설명 링크 : http://blog.postach.io/new-embed-support-for-twitter-vimeo-youtube-about-me-and-more).

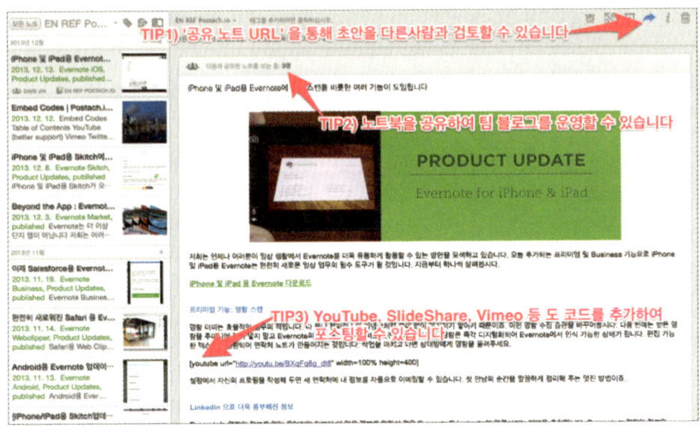

Chapter
06

익스펜시파이(Expensify) –
개인 가계부

직장인이라면 누구나 매달 작성하는 경비 보고서. 그러나 매달 비용 처리를 위해 경비 내역보고서를 작성하는 일도 여간 귀찮은 일이 아닙니다. 그러나 익스펜시파이와 에버노트를 만나면 이제 경비 보고서 만들기가 아주 쉬워집니다. 물론 회사 경비뿐만 아니라 개인 가계부로도 활용 가능한 익스펜시파이(https://www.expensify.com)에 대해 소개하겠습니다.

• 가계부 연동 기능을 제공하는 익스펜시파이

영수증에서 영수 일자 및 금액을 정리하는 일은 꽤 귀찮은 일입니다. 그러나 익스펜시파이는 이 모든 것을 사진을 찍어서 해결할 수 있습니다. 영수증을 사진으로 찍거나 스캔하여 익스펜시파이에 넣어두면 스마트 스캔 기능을 통해 영수증 내의 결제일, 결제금액, 결제 내용 등을 자동으로 인식하여 정리합니다. 전 세계의 영수증은 물론 통화까지 자동으로 인식합니다. 이제 영수증을 한데 모아 스캔스냅과 같은 스캐너를 통해 스캔하거나 핸드폰 카메라로 찍어 익스펜시파이로 한 번에 처리할 수 있습니다. 게다가 익스펜시파이는 에버노트와도 연동됩니다. 에버노트의 특정 노트북에 스캔된 영수증을 넣어두면 자동으로 익스펜시파이에서 가져와 리포트를 생성합니다. 세팅 메뉴 안의 Connections 옵션에서 에버노트를 연동합니다.

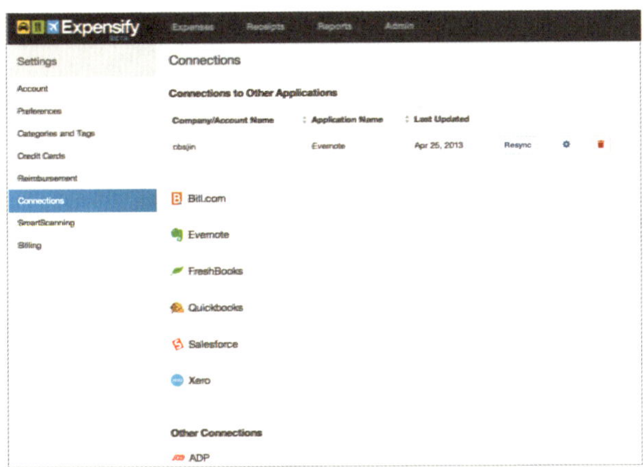

• 에버노트 연동 설정 화면

익스펜시파이는 에버노트와 연동되어 두 가지 기능을 제공하고 있습니다. 에버노트 내의 익스펜시파이와 연동된 노트북에 스캔 또는 사진으로 찍은 영수증을 넣어두면 해당 노트북에서 익스펜시파이로 자동으로 불러와 영수증 내의 정보들을 바탕으로 익스펜시파이 안에 정리됩니다. 반대로 이렇게 정리가 완료된 보고서를 다시 에버노트에 내보낼 수 있습니다.

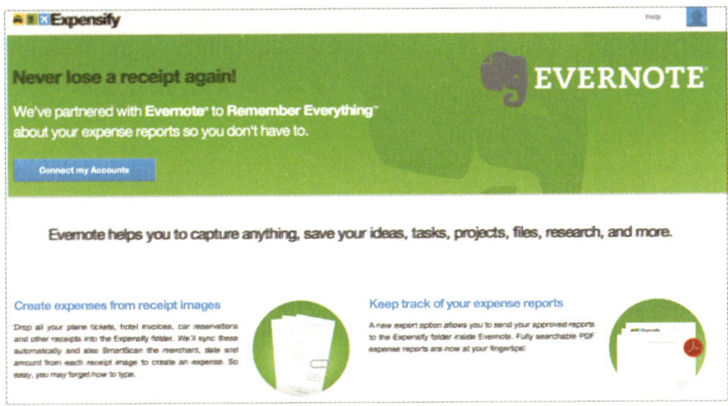

• 에버노트 연결 화면

에버노트의 세팅을 통해 상세 설정을 직접 선택 및 해지할 수도 있습니다. 에버노트 비즈니스를 사용하고 있는 경우 에버노트 비즈니스 노트북으로 연결하여 사용할 수도 있습니다.

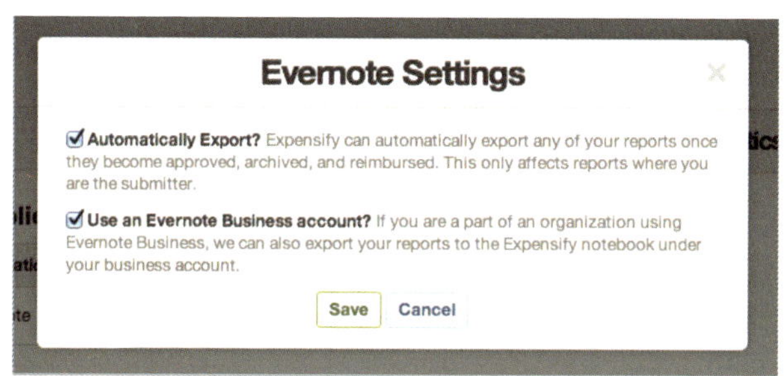

• 에버노트 연결 설정 화면

이렇게 익스펜시파이를 통해 정리된 경비 정산 리포트는 에버노트로 내보내기하여 에버노트내에서 PDF 파일로 관리할 수 있습니다. 또한, 기업용 익스펜시파이를 사용하는 경우 익스펜시파이를 통해 바로 경비를 승인하고 지급할 수 있습니다. 물론 개인적인 가계부 정리에도 아주 편리하게 사용될 수 있습니다. 무료 사용자의 경우 10개의 스마트 스캔 기능을 무료로 사용할 수 있으며 추가적인 스마트 스캔에는 영수증당 20센트의 비용이 추가됩니다.

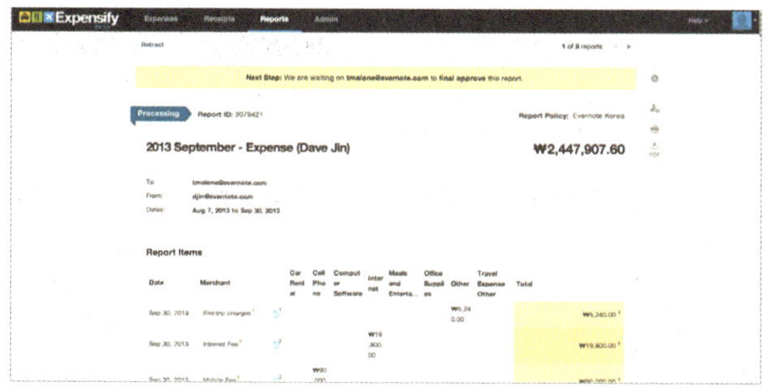

• 개인 경비 정산 리포트

호조키(Hojoki) –
클라우드 서비스 모아모아

협업과 소통을 강조하기 위해 갈수록 다양한 스마트 서비스들이 사용되고 있습니다. 너무도 다양한 클라우드 환경 속에서 오히려 어디에 어떤 정보들이 업데이트 되는지 인지하기란 쉽지 않습니다. 게다가 다양한 프로젝트가 동시에 진행되고 있다면 더욱 그렇습니다. 그러나 호조키를 이용하면 이러한 다양한 클라우드 서비스들을 원하는 작업별로 한눈에 확인할 수 있습니다. 다양한 클라우드 시스템의 작업 흐름을 한눈에 보여주는 워크스페이스를 만들어주기 때문입니다.

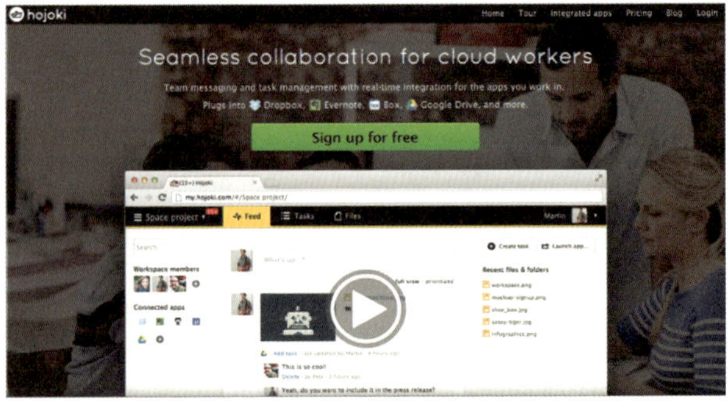

• 다양한 클라우드 서비스를 지원하는 호조키

호조키는(http://hojoki.com) 무료, 프리미엄, 기업용의 세 가지 가격 정책을 가지고 있습니다. 그러나 개인이나 5명 이하의 팀 단위에서 사용할 때는 무료로 사용해도 문제가 없습니다.

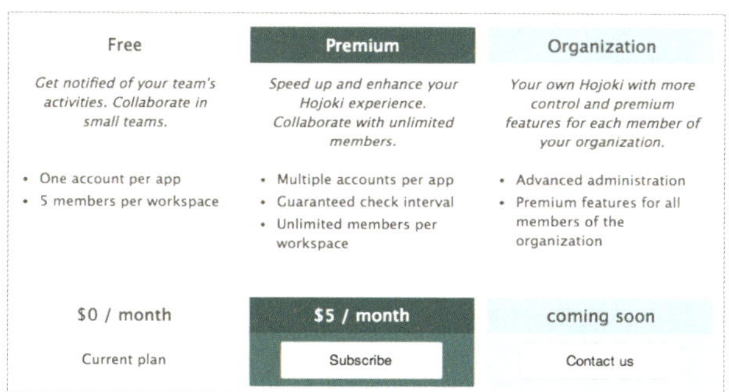

• 개인용으로는 무료 버전을 사용해도 활용이 가능합니다.

그럼 호조키 서비스를 이해하기 위해 하나의 워크스페이스를 만들어보도록 하겠습니다. 요즘은 가족과의 소통과 흐름을 이해하는 것도 중요하기 때문에 '우리집 이야기'라는 하나의 워크스페이스를 만들어 가족 구성원들과 이메일을 통해 워크스페이스를 공유하였습니다.

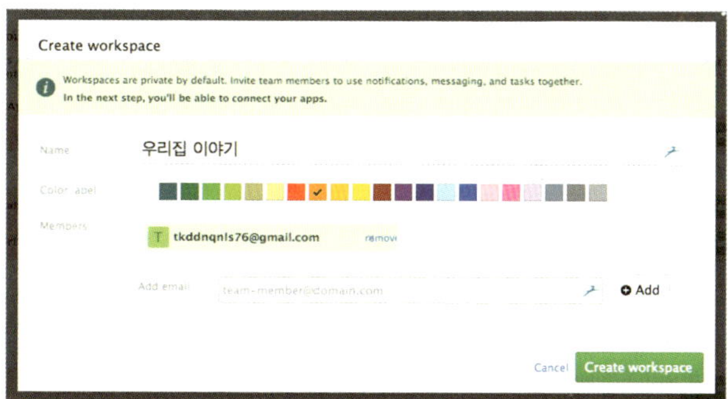

• 워크스페이스 생성 화면

이제 워크스페이스 안에 로그 확인을 원하는 클라우드 서비스들을 연결합니다. 호조키는 거의 대부분의 클라우드 서비스들을 지원하고 있습니다. 에버노트는 물론 구글 드라이브, 드롭박스 등을 지원합니다. 구글 캘린더나 세일즈포스의 채터도 지원하며 특히 사내에서 사용하는 야머나 젠데스크도 지원되어 회사용 클라우드와 매우 잘 연동됩니다.

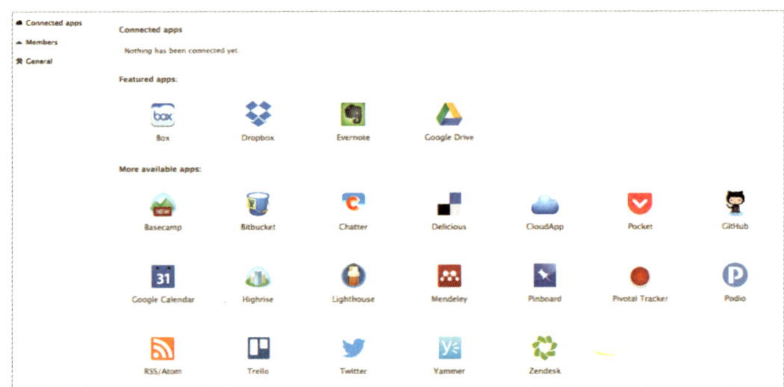

• 지원되는 클라우드 서비스

해당 워크스페이스에 가족의 공유 노트북들과 가족 캘린더 그리고 아내의 트위터나 블로그도 연동해두었습니다. 이렇게 연동이 완료되면 워크스페이스에 최신 내용들이 업데이트됩니다.

• 연동이 완료된 화면

우리집 이야기 워크스페이스를 보면 최근 아내의 블로그에 올라온 글들과 에버노트 가족 노트북에 업데이트된 노트들이 작업 로그 형태로 보입니다. 해당 제목을 클릭하면 해당 클라우드 및 링크로 직접 이동되어 상세 정보도 확인할 수 있습니다. 또한, 매일 리포트 메일이 이메일로 전달되어 하루 간의 흐름을 파악할 수 있습니다. 이제 호조키를 이용하여 프로젝트별로 서비스를 연동하여 한 눈에 흐름을 파악하기 바랍니다.

Chapter 08

라이크 웨어(Like Where) – 해외여행 잇아이템

누구나 한 번쯤 멋진 해외 여행을 꿈꾸곤 합니다. 그러나 막상 여행 준비를 하다 보면 무엇을 어떻게 준비해야 할지 막막한 것도 사실입니다. 그러나 라이크 웨어와 함께라면 여행 계획을 준비하는 것부터 간단하고 신나는 일이 됩니다.

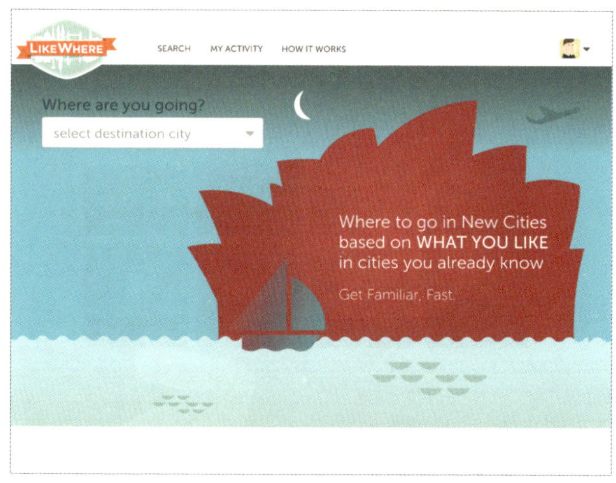

• 여행 정보를 제공하는 라이크 웨어

라이크 웨어(https://www.likewhere.com)는 전 세계 유명한 지역들의 다양한 여행 정보를 알려주고 손쉽게 그것들을 정리할 수 있게 도와주는 웹서비스입니다. 여행을 가고 싶은 도시를 검색하면 관련 도시 정보들이 표시됩니다.

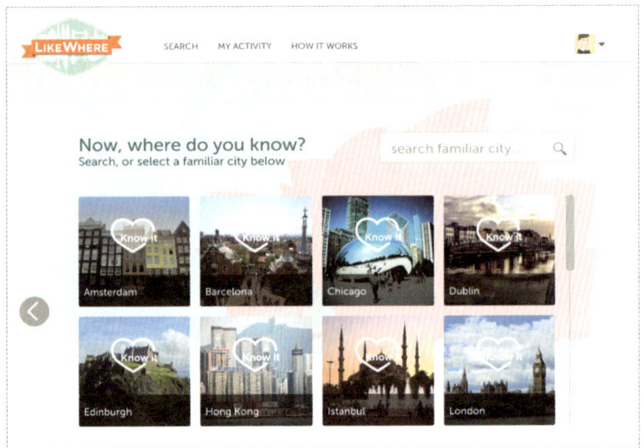

• 각 도시별로 여행 정보를 확인할 수 있습니다.

특정 도시를 선택하면 이제 해당 도시 내의 다양한 장소들이 표시됩니다. 이제 본인이 가고 싶었던 주요 장소들을 선택합니다.

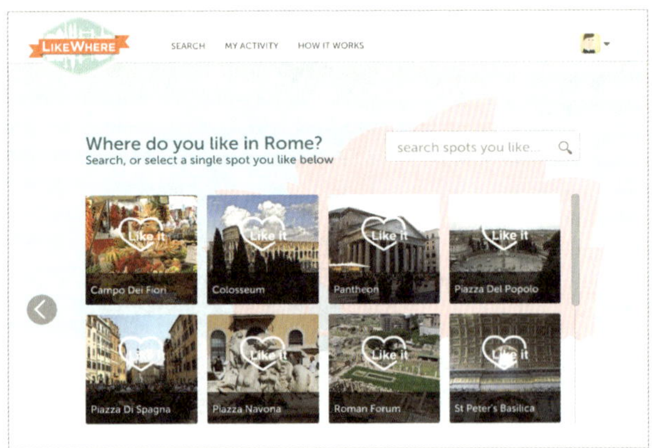

주요 장소 근처의 빼놓을 수 없는 랜드 마크들이 표시되며 Add to Itinerary +(여정 추가하기)를 통해 자신이 설정해 둔 여정에 추가합니다. 마치 장바구니에 담듯이 원하는 곳을 클릭하여 가고 싶은 곳들을 손쉽게 담을 수 있습니다.

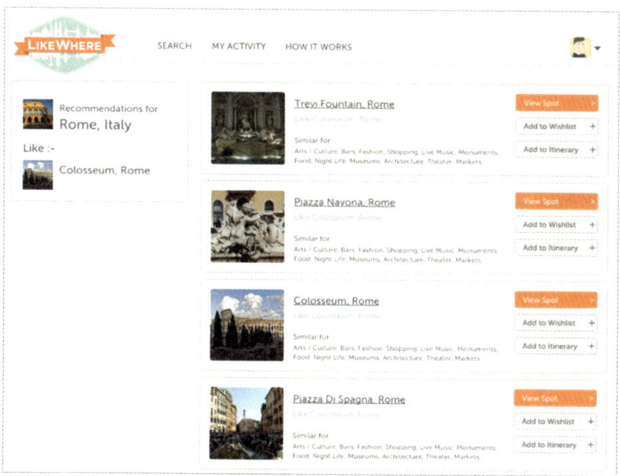

미리 만들어둔 여정이 없으면 Create Itinerary 를 클릭하여 새로운 여정을 생성합니다.

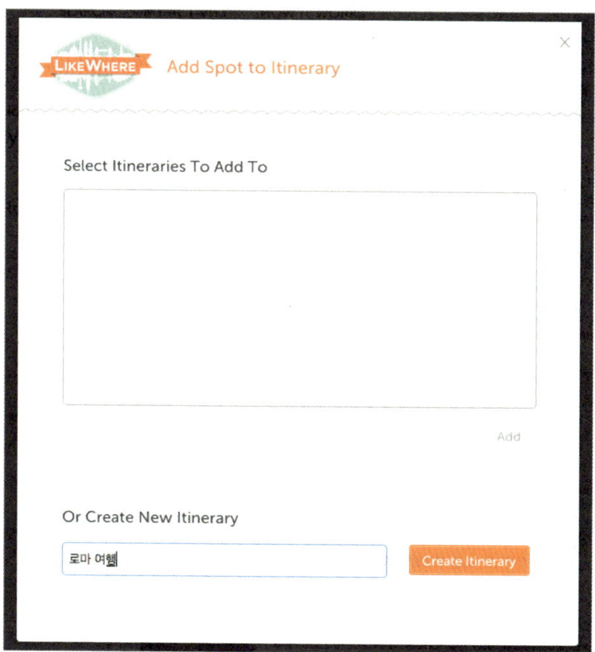

가고 싶은 곳을 모두 정하고 나의 여정 리스트 항목을 확인하면 지금까지 담아 둔
장소들이 지도 및 스케줄상에 표시됩니다. 이동 경로 및 시간을 고려하여 오전과

오후 여정을 마우스를 통해 손쉽게 설정할 수 있습니다. 또한, 이렇게 정리가 끝나면 아이콘을 클릭하여 해당 여행 정보들을 에버노트에 저장합니다.

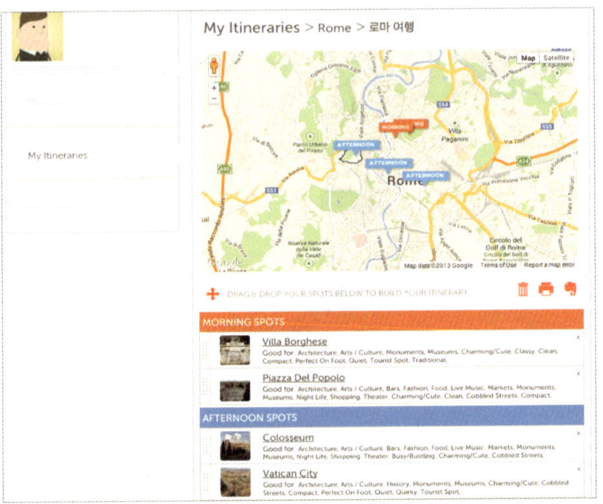

에버노트와 연결하면 저장을 원하는 노트북을 선택하여 저장할 수 있습니다.

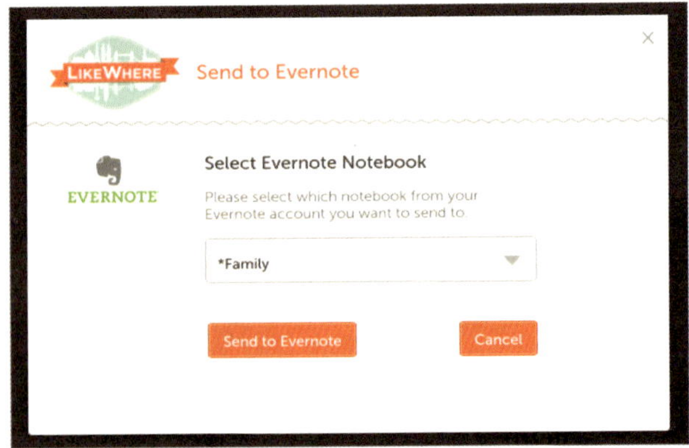

이렇게 정리된 내용은 에버노트 내에 저장됩니다. 미리 정해둔 여정의 순서대로 에버노트 내에 노트가 생성됩니다. 뿐만 아니라 노트 정보 내의 링크를 클릭하여 해당 위치와 관련된 원본 링크를 바로 확인할 수 있습니다. 게다가 에버노트 정보에 기록된 GPS 정보는 정확한 해당 위치를 표시합니다. 이를 통해 해당 위치를 정

확하게 찾아갈 수 있습니다. 이제 라이크웨어와 에버노트만 있으면 미리 정해둔
여행지들을 놓치지 않고 돌아볼 수 있습니다.

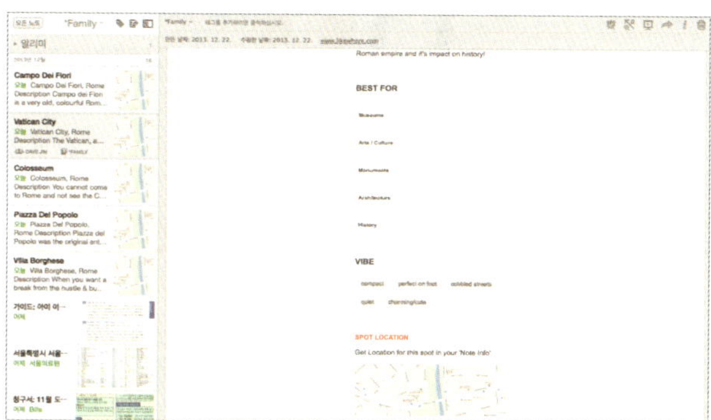

• 정해진 순서대로 노트가 생성된 화면

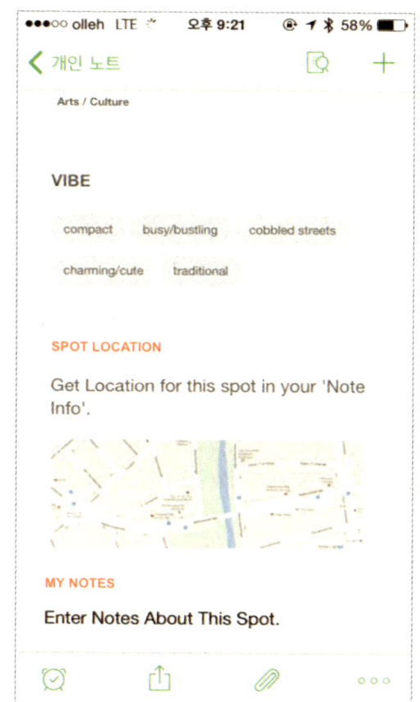

• GPS 정보를 활용할 수 있습니다.

Chapter 09

커스텀노트(Kustom Note) – 노트 템플릿 만들기

가끔은 에버노트를 팀 단위로 공유할 때 특정한 양식이 있으면 좋겠다는 생각을 하곤 합니다. 주간 보고서 양식을 만들거나 일기장의 경우 조금은 예쁜 양식에 적을 수 있다면 보기도 좋을 것 같습니다. 바로 이러한 고민들을 커스텀노트를 통해 해결할 수 있습니다.

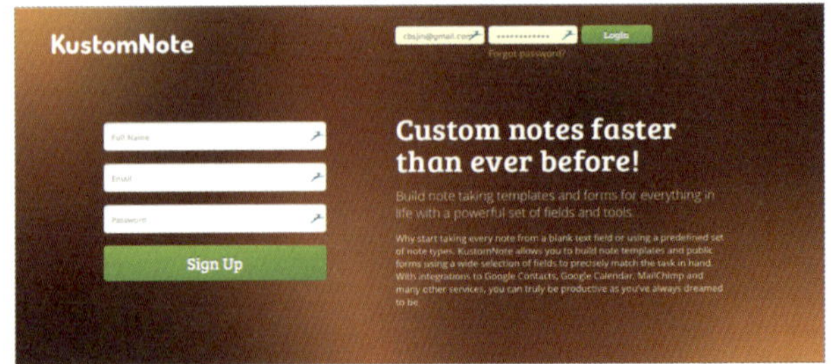

• 템플릿을 만들어 업무에 활용하는 커스텀노트

커스텀노트(http://kustomnote.com)에 로그인하면 기존에 만들어진 템플릿을 바탕으로 바로 새로운 노트를 만들거나 다른 사람들이 만든 공용 템플릿을 가져올 수 있습니다. 물론 자신이 원하는 템플릿을 직접 만들 수도 있습니다. 먼저 간단하게 주간보고서 템플릿을 커스텀노트를 통해 하나 만들어보겠습니다. 새로운 템플릿 생성을 위해 하단의 아이콘을 클릭합니다. 다른 사람이 공유한 템플릿들에게 가져오길 바란다면 아이콘을 클릭합니다.

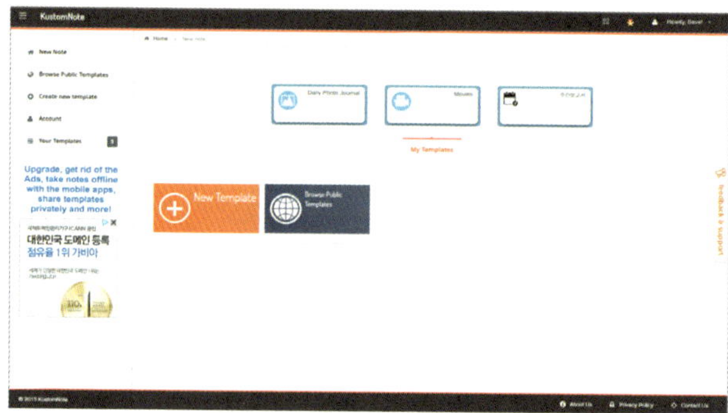

새로운 템플릿 생성 버튼을 클릭하면 템플릿의 기본 속성들이 표시됩니다. 기본
속성들을 입력합니다.

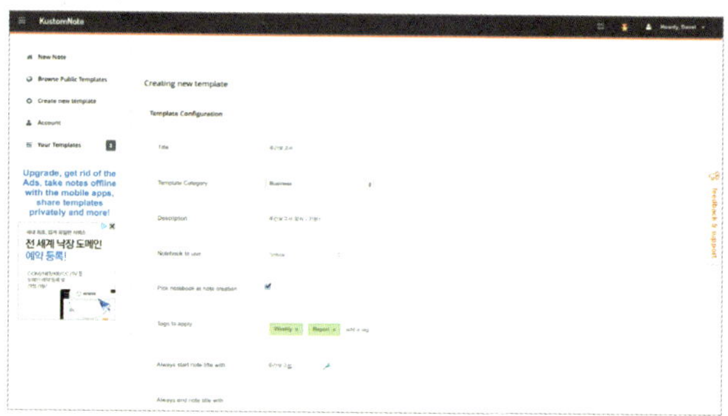

이제 본격적으로 원하는 필드를 선택하여 우측에 원하는 양식을 만들고 적당한 위
치를 선정합니다. 필드 조절이 완료되면 해당 템플릿을 저장합니다.

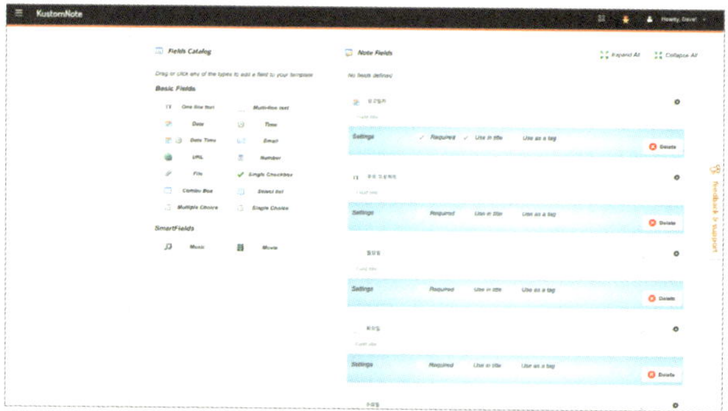

이제 이렇게 생성된 템플릿을 바탕으로 버튼을 클릭하여 새로운 노트를 생성합니다. 미리 정해둔 포맷에 따라 손쉽게 작성할 수 있습니다. 또한, 작성된 노트가 저장되길 원하는 에버노트 내의 노트북을 설정한 뒤 노트를 생성합니다.

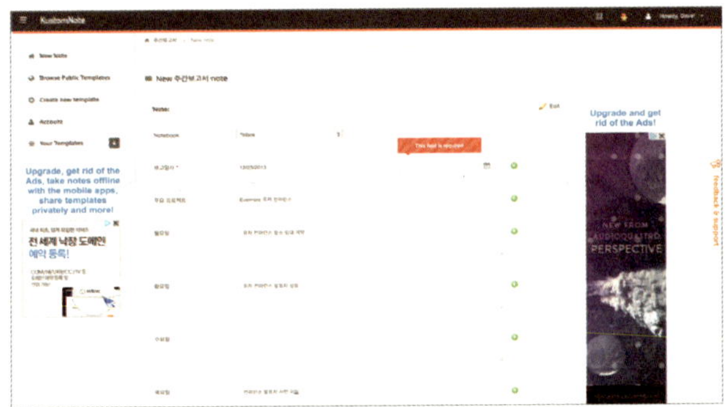

노트 생성이 완료된 후 에버노트를 동기화하면 커스텀노트를 통해 생성한 노트가 에버노트 내에 만들어집니다. 워드나 엑셀 등의 프로그램에서 작성한 후 붙여넣기 하지 않더라도 깔끔하고 예쁜 주간보고서가 완성되었습니다. 물론 이렇게 생성된 노트 내에서도 편집할 수 있습니다.

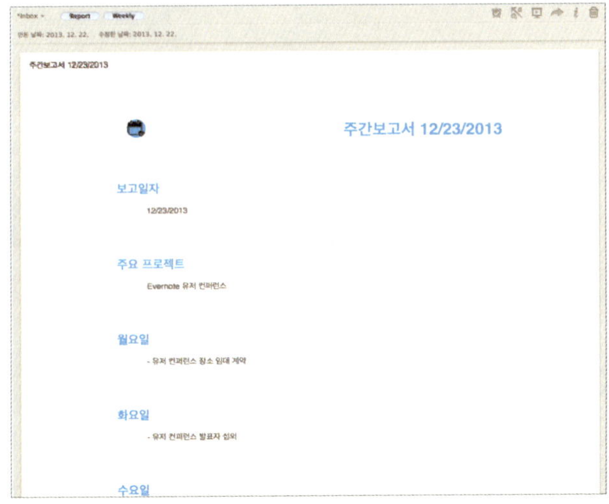

버튼을 클릭하면 다양한 공개 템플릿들을 확인할 수 있습니다. 이를 통해 손

쉽게 템플릿을 가져오고 나의 에버노트에 저장할 수 있습니다.

Chapter 10

젠돈(Zendone) –
할 일과 알리미를 한 번에 해결

에버노트를 GTD(Getting Things Done) 할 일 관리 툴로 사용하고 싶어 하는 분들이 많습니다. 물론 에버노트의 기본 알리미 기능을 사용할 수 있지만 보다 할 일을 시스템적으로 관리하기에는 조금 부족합니다. 그래서 탄생한 서비스가 바로 젠돈입니다. 젠돈은 에버노트와 구글캘린더를 동시에 연동하여 할 일과 알리미 기능을 해결한 GTD 도구입니다.

• 구글캘린더로 업무 효율을 높이는 젠돈

GTD는 끝도 없는 일 깔끔하게 해치우기(Getting Things Done)의 저자인 데이비드 알렌의 할 일 관리 방법입니다. 일 처리가 많은 현대인들에게 프랭클린 플래너와 함께 사랑받고 있는 시스템이기도 합니다. 주어진 일들을 하나의 인박스에 저장한 후 일들을 즉시 처리하거나 작은 단위로 나누어 빠르게 파편된 일들을 처리할 수 있는 할 일 관리 개념입니다. 에버노트가 GTD에게 적합한 이유는 바로 에버노트가 가장 수집하기 좋은 인박스이기 때문입니다.

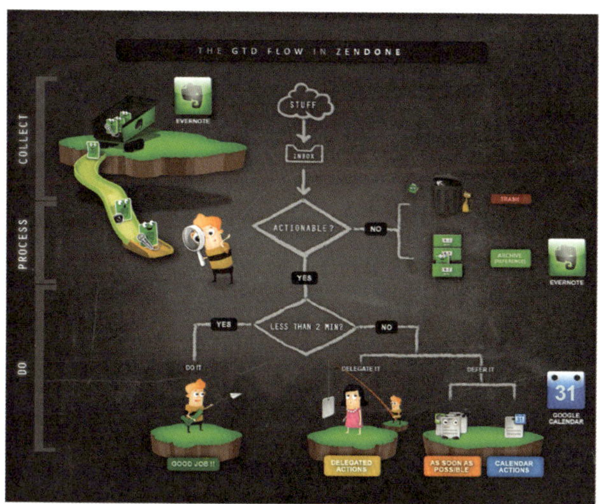

• GTD 플로우 다이어그램

젠돈(http://www.zendone.com)은 에버노트의 하나의 노트를 인박스로 지정할 수 있습니다. 그리고 사용자는 에버노트의 인박스 안에 웹 스크랩 정보, 회의 기록, 아이디어 등을 수집하여 넣어둡니다. 이렇게 수집된 노트들은 젠돈의 인박스 처리 과정을 통해 정리됩니다. 단순히 저장할 정보라면 노트를 적당한 태그를 붙여 원하는 노트북으로 이동시킵니다. 만약, 해당 노트가 할 일이 필요하다면 바로 할 일로 지정하여 할 일로 관리할 수 있습니다.

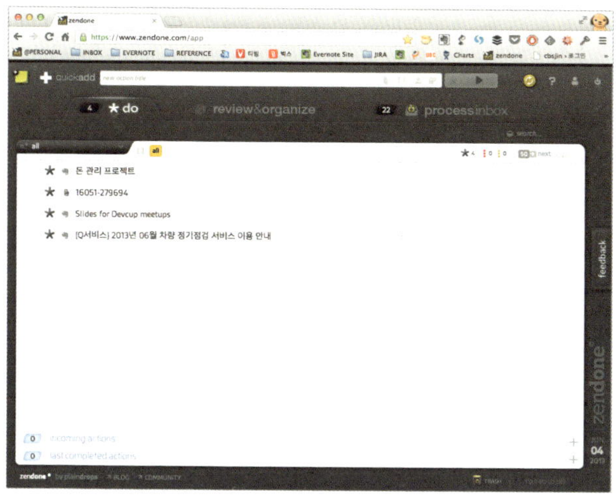

• 웹상에서 표시되는 To Do 리스트

젠돈은 아이폰 및 안드로이드를 지원하여 이동 중에도 할 일들을 손쉽게 관리할 수 있습니다. 특히 오늘로 지정된 업무 및 중요 업무만 눈에 확인되므로 일을 보다 집중해서 해결할 수 있습니다. 뿐만 아니라 할 일을 보다 세밀하게 프로젝트 단위로 관리하고 쌓여있는 할 일들을 선택적으로 중요 항목으로 이동하는 등 체계적인 할 일 관리가 가능해집니다. 이젠 에버노트가 젠돈과 함께 멋진 GTD 도구로 다시 태어납니다.

• 아이폰에서 표시되는 To Do 리스트

에버노트 컨퍼런스와 에버노트 활용기

에버노트에서 매년 시행되는 에버노트 컨퍼런스에 대해 소개하고 Evernote DevCup 행사를 소개합니다. 에버노트를 실생활에 활용하는 사례 4가지를 알아봅니다.

1 Evernote Conference 소개

에버노트에서는 2011년부터 매년 컨퍼런스를 개최하고 있습니다. 2012년까지는 에버노트 트렁크 컨퍼런스라는 이름으로 진행되었으며 2013년에는 EC3라는 이름으로 보다 다양한 소식들이 컨퍼런스트를 통해 전해지고 있습니다.

· 에버노트 컨퍼런스 사이트 : http://evernote.com/ec

· 2013년 에버노트 컨퍼런스 – Evernote Trunk Conference 1

• 2013년 에버노트 컨퍼런스 – EC3

컨퍼런스에서는 다양한 신제품과 파트너십 소식들이 전달됩니다. 그래서 애플의 신제품 출시를 알리는 소식만큼이나 에버노트 사용자들에겐 꽤나 기다려지는 행사이기도 합니다. 특히, 지난 2013년 에버노트 컨퍼런스에서는 Post-It과 Salesforce와의 파트너십이 발표되었으며 에버노트 비즈니스 2.0과 에버노트 마켓이 소개되었습니다. 관련 내용들 모두 에버노트에 날개를 다는 데 부족함이 없는 소식들이였습니다. 2013년 현장의 생생한 사진들과 함께 현장의 소식들을 직접 확인해보기 바랍니다.

• 에버노트 컨퍼런스 현장 스케치

더 자세한 현장 소식은 'http://bit.ly/EC2013live'에서도 확인할 수 있습니다.

• 에버노트 컨퍼런스 현장 스케치

2 Evernote DevCup 소개

에버노트 컨퍼런스에서 절대로 빼놓을 수 없는 행사는 바로 데브컵 행사입니다. 에버노트 연동 애플리케이션들은 매년 에버노트 데브컵 행사를 통해 경진대회를 벌입니다. 경진대회를 통해 보다 퀄리티 있는 제품들이 소개되며 이를 통해 에버노트 사용자들은 보다 멋진 사용자 경험을 얻을 수 있습니다. 데브컵 대회는 완성된 산출물을 데브컵 사이트(devcup.evernote.com)에 제출 시한까지 제출한 후 카테고리별 우승을 거쳐 최종 파이널리스트 6팀이 선별됩니다. 최종 6팀에 선정되면 에버노트 컨퍼런스에서 직접 제품을 소개하고 발표할 수 있는 기회를 갖게 되며 전 세계의 에버노트 사용자들과 개발자들에게 자신의 제품을 소개할 수 있는 멋진 경험을 하게 됩니다.

• DevCup 현장 스케치 1

특히, 2013년 데브컵 대회에서는 한국팀인 크로키팀이 당당히 3등을 하며 한국의 위상을 빛내기도 했습니다. 물론 파이널리스트에 선별되면 비행기 표는 물론 숙박, 참가와 관련한 모든 비용을 에버노트에서 제공해줍니다. 애플리케이션 개발을 고민 중이라면 에버노트 인테그레이션으로 누구든지 에버노트 데브컵에 도전할 수 있습니다.

3 Evernote Hackathon 소개

에버노트에서는 정기적인 데브컵 행사뿐만 아니라 해커톤 행사를 통해 젊고 열정적인 개발자의 가슴에 불을 지피고 있습니다. 1박 2일 동안 치뤄지는 에버노트 해커톤은 개발자, 디자이너, 기획자들이 함께 모여 만 하루 동안 제품을 개발하고 발표합니다.

다양한 장소에 모인 사람들은 현장에서 자신이 개발하고자 하는 제품을 먼저 발표합니다. 그리고 현장에서 바로 해당 제품에 관심을 갖는 개발자나 디자이너를 모집합니다.

이렇게 팀 모집이 완료되면 팀들은 본인이 만들 제품을 설계하고 함께 디자인합니다. 또한, 자신의 능력과 분야를 정해 제품 개발을 시작합니다. 1박 2일 동안 이어지는 행사이므로 끊임없이 제공되는 음식들과 함께 에너지드링크를 마시며 제품 개발에 열을 올립니다.중간 중간 에버노트 직원들이 에버노트 API 사용법에 대한 강의 및 데브컵 등에 대한 소개도 이어집니다. 또한, 둘째 날 드디어 만 하루 동안 개발된 제품을 직접 발표하며 해당 제품의 특징을 소개합니다. 에버노트 개발자들 및 외부 상용 개발자들과 함께 심사가 이루어집니다. 첫 번째 해커톤 우승자에게는 에버노트 컨퍼런스에 참관할 수 있는 혜택을 얻기도 했습니다. 정기적으로는 아니지만 간헐적으로 시행되는 해커톤 행사를 통해 개발자, 기획자, 디자이너들의 멋진 열정을 확인할 수 있습니다. 또한, 이후 지속적인 제품 개발을 통해 데브컵 대회에도 참여하며 스타트업의 꿈을 이어갈 수도 있습니다. 앞으로도 멋진 해커톤 행사를 기대해봅니다.

· 해커톤 현장 스케치

4 에버노트 앱센터 본격 활용기

직장인, 학생, 주부 그리고 필자까지 하루를 에버노트와 함께 어떻게 사용하는지
활용기를 소개합니다.

직장인의 하루

- 출근 길 Feedly를 통해 최신 블로그 기사 확인 및 에버노트 저장
- 출근하여 Zendone을 활용하여 에버노트 할 일 관리 정리
- 스마트펜을 이용하여 오전 회의 진행 및 회의 내용 기록
- 순간순간 떠오르는 아이디어들을 FastEver를 통해 저장
- 외근 중 새로운 뉴스 정보들을 EverClip을 이용하여 에버노트에 클리핑하고 저장
- 오후에는 Expesify를 이용하여 경비 보고서 작성
- 퇴근 길 Umano를 이용하여 영어 공부
- 데이트 중 Evernote Hello를 이용하여 근처 맛집 검색 및 맛집 저장
- Glympse를 이용하여 집으로 돌아가는 여자 친구의 위치를 확인하고 나의 에버
  노트에 저장

학생의 하루

- 학교에 가는 길에 Umano를 이용하여 영어 공부
- 학교에서 교수님 수업노트를 Jot Script와 Penulitmate를 이용해 기록
- AwsomeNote를 이용하여 할 일을 정리하고 노트를 기록
- Reeder를 활용하여 해외 기사 및 블로그를 공부
- 해외 기사 중 어려운 단어를 선택 복사하여 Biscuit에 저장, 에버노트로 단어장 관리 및 암기
- Clipbook을 이용하여 읽고 있는 책의 중요 부분을 저장
- Xing을 활용하여 해외 배낭여행 준비

주부의 하루

- Evernote Hello를 이용하여 새로운 레시피를 활용 아침 준비
- PostEver를 이용하여 식단 관리 및 다이어트
- Evernote Webclipper를 이용하여 육아, 다이어트 등의 정보 수집
- 마트에 가서 Car Location을 이용하여 자동차의 위치를 에버노트에 저장
- 아이의 가정통신문을 CamScanner+를 이용하여 에버노트에 저장
- 하루의 일과를 Postach.io를 이용하여 자신의 블로그에 작성

대연군의 하루

- 출근길 Boxer를 이용하여 메일 정리 및 중요한 메일 에버노트에 저장
- EverShaker를 이용하여 이전 나의 생각들을 되새기며 하루를 다짐
- 출근 후 Hojoki 또는 CatchApp을 통해 전체적인 업무 흐름을 파악
- 스캔 더미의 문서들(명함, 자료, 문서, 영수증 등)을 스캔스냅을 통해 에버노트에 저장

- Placeme를 통해 저장된 노트 기록들을 바탕으로 지난 주 전체 리뷰

- Clever를 통해 에버노트의 멀티 데모 계정들을 모바일에서 관리

- 다시 보기를 원하는 YouTube를 Watch Later 표시, IFTTT를 통해 자동으로 해당 링크가 에버노트에 저장

- KustomNote를 통해 템플릿을 만들어 팀원들과 공유

- Like Where를 이용하여 로마 여행을 계획